岁月磨砺的教育智慧

——30 年班级管理经验谈

讷文莉　著

哈尔滨工程大学出版社
Harbin Engineering University Press

内 容 简 介

本书乃是一名道德与法治课教师、班主任的成长经历和经验之谈。本书共分为五章,即积淀成长篇、班级管理篇、立德树人篇、青春期篇和学习指导篇,每一章都是作者对教育本质的持续追问与解答。本书通过一个个实例,介绍了班级管理的技巧,具有一定的参考价值与指导意义。

本书可为坚守在一线教学岗位的教师提供经验。

图书在版编目(CIP)数据

岁月磨砺的教育智慧:30 年班级管理经验谈/讷文莉著. -- 哈尔滨:哈尔滨工程大学出版社,2024. 7.
ISBN 978-7-5661-4476-8

Ⅰ. G424. 21

中国国家版本馆 CIP 数据核字第 20248S6Z91 号

岁月磨砺的教育智慧——30 年班级管理经验谈
SUIYUE MOLI DE JIAOYU ZHIHUI——30 NIAN BANJI GUANLI JINGYAN TAN

选题策划 章 蕾
责任编辑 章 蕾
封面设计 李海波

出版发行 哈尔滨工程大学出版社
社　　址 哈尔滨市南岗区南通大街 145 号
邮政编码 150001
发行电话 0451-82519328
传　　真 0451-82519699
经　　销 新华书店
印　　刷 哈尔滨市海德利商务印刷有限公司
开　　本 787 mm×1 092 mm　1/16
印　　张 10
字　　数 192 千字
版　　次 2024 年 7 月第 1 版
印　　次 2024 年 7 月第 1 次印刷
书　　号 ISBN 978-7-5661-4476-8
定　　价 49. 80 元

http://www. hrbeupress. com
E-mail:heupress@ hrbeu. edu. cn

前　言

我是一个拥有30多年教龄的初中教师,担任道德与法治课的教学工作,兼任班主任。为了对教育工作进行一次全面回顾与深刻反思,也是对未来教育之路的一份期许与鞭策,我撰写了本书。本书不仅记录了我的教学实践与感悟,更体现了我对教育事业矢志不渝的热爱与坚守。希望本书能够引发同人对基础教育、德育工作的深入思考与探讨,助力新时代人才的培养。

本书共分为五章:第一章回顾了我的班主任成长经历,总结了我多年的班级管理经验;第二章叙述了我的关于班级管理的实践策略;第三章论述了立德树人的理论与实操;第四章讲述了青春期教育的挑战与应对方法;第五章为学习指导的具体案例分析。每一章都是我对教育本质问题的持续追问与解答。我真诚地希望,这些内容能够为教育同人提供可借鉴的经验,也能启发家长和社会各界,使其可以更加深入地理解并支持基础教育事业。

借本书出版之际,我要送出几份感谢,表达我的感激之情。

首先,我要特别感谢校长杨学慧女士。作为领航人,杨校长始终以其高瞻远瞩的教育理念、严谨务实的工作态度影响着我,她对我工作的支持与指导如同灯塔般照亮我前行的道路。在我每一次尝试与创新的背后,都有杨校长的信任与鼓励,她的卓越领导力和人格魅力是我职业生涯中宝贵的财富之一。

其次,我要衷心感谢我的家人和同事。他们的理解、包容和支持,让我得以全身心地投入教育事业。无论是在繁重的教学工作中,还是在琐碎的班级管理上,他们都是我坚实的后盾。正是有了他们无私的付出与陪伴,我才能够在教育的道路上越走越坚定,越走越有力。

　　再次,我要向所有学生家长表达最诚挚的谢意。是他们的信任与配合,构建起了教师与家长之间共同教育孩子的坚实桥梁。他们的支持与反馈,不仅促进了孩子们的成长进步,也促使我在教育实践中不断反思、改进,从而更好地履行一名教育工作者的职责。

　　最后,我要向我的学生们表达感谢。他们的每一点进步、每一次成长都凝聚着我们共同的努力和汗水。是他们清澈的眼神、求知的热情以及面对挫折时的坚韧不拔,赋予我前行的动力和工作的意义。每一位学生的独特个性与闪光之处都成为我教育路上最美的风景!

　　由于我的水平有限,书中难免有错误,恳诸广大读者批评、指正。

讷文莉

2024 年 4 月

目　　录

第一章　积淀成长篇

光阴似箭,岁月如梭。1991 年,23 岁的我带着对教师职业的热爱和憧憬,走上了神圣的教书育人之路。我始终觉得没有触及灵魂的教育是有缺憾的,因此内心渴望成为一名班主任,深入了解学生,帮助、陪伴学生成长。1994 年 9 月,校领导安排我做初一的班主任,我既高兴又忐忑,觉得终于如愿以偿,但更担心做不好。在班主任的岗位上,我一干就是 30 多年,培养出了许多品行端正、学业有成的学生,他们在各行各业为国家建设做贡献,这是最让我感到欣慰和骄傲的地方。

细数过往,我的班主任生涯大致可以分为四个阶段:第一阶段(1994—1997年):学习适应期;第二阶段(1997—2007 年):挑战成长期;第三阶段(2007—2018年):沉淀成熟期;第四阶段(2018 年至今):突破创新期。

第一节　第一阶段(1994—1997 年):学习适应期

打铁还需自身硬,无须扬鞭自奋蹄

一、提升能力素养

与学生家长初次见面,我从他们的眼中看到了对于年轻教师的不信任。学生和家长的担忧,激发了我的斗志。打铁还需自身硬,我下定决心全面提高自身的能力素养。

(一)向优秀班主任"取经"

优秀班主任都是在长期工作实践中锻炼成长起来的,他们往往具有高尚的人格魅力和丰富的班级管理经验,他们的教育观念、管理策略、协调艺术以及实践经验等都是宝贵的财富,值得我虚心学习和借鉴。我见缝插针,一有时间就向学校的

▲几位优秀班主任"取经"。我在借鉴优秀班主任"真经"的基础上结合本班学生实际,创新出了一套适合自己班级的管理方法。通过向优秀班主任学习,我快速获得了管理班级的经验方法,绕过雷区,少走了许多弯路,在最短的时间里获得了最大的成长"红利",班级管理能力不断提升。

(二)向书本学习

这一时期,我阅读了许多有关班主任的书籍,从书中学习作为一名合格班主任的经验和方法。书中有些方法可以直接拿来使用,有些方法稍作调整,通过实践运用,便可转化成适合自己的经验体系。如魏书生的《班主任工作漫谈——献给青年班主任》(漓江出版社,1993),以丰富的经验和生动的案例,阐述了如何构建和谐有序、积极向上的班集体。我通过研读这些著作,并结合自己班级的特点与学生需求,不断尝试将书中所述的理论知识转化为实践操作,对班级管理经验进行有针对性的调整创新,受益良多。

(三)在培训活动中历练

无论多忙,只要有针对班主任的培训活动,我都积极参加。专家讲座,促使我对自身经验与方法进行系统反思,为教育管理寻找理论指导;优秀班主任的带班之道和育人之道,通过接地气的对话与交流,帮助我找出自身不足,明确改进方向,形成自己的管理特色;班主任沙龙活动,针对一个个真实而又鲜活的案例,聚焦热点问题,通过头脑风暴的方式集思广益,有助于我更好地提升自我、发展自我、完善自我。

(四)团队协作成长

我将本班的科任教师和学生家长组成协作团队。"他山之石,可以攻玉。"遇到棘手问题,我会与科任教师探讨,找出解决问题的最佳方案,这样不仅可以突破自身的局限,还可以开阔班级管理思路。对待后进生,我会积极与家长沟通,家校联手,促使学生进步。在全面了解学生的基础上,我制定教育管理方案,与协作团队配合,共同帮助学生成长。

二、管理班级

(一)全面细致地了解每个学生

就像中医诊病一样,班主任的教育管理工作也讲究"望、闻、问、切",只有在全面了解学生的基础上才能因材施教,管理好班级。望,就是观察,观察学生平时的言行举止、兴趣爱好、同学之间的交往状况、生活方式等,掌握学生的基本情况;闻,就是调查,通过多种方式、多种渠道了解学生的学习态度、思想状况、个性特征,包括家庭成员、家庭教育方式等;问,就是询问,经常与学生交心、谈心,与学生平等地交朋友,了解学生的内心活动和期盼;切,就是综合"把脉",通过观察、调查、询问等环节,掌握第一手信息,了解学生的个体差异,然后形成档案,并进行综合分析,对每个学生选择合适的教育管理方式。为此,我每天都早早到校,一头扎进班级,与学生一起搞卫生、收发作业;课间,几乎不待在办公室,而是在教室陪伴学生。

(二)让学生感受到关爱

班主任应该平等地、全心全意地爱每一个学生,无关成绩、长相、家境、习惯、性格、品行等因素。特别是对那些后进生,班主任应善于发现他们身上的优点,倾听他们的心声,他们更需要老师的关心和呵护。为此,我从不同角度,运用不同方法,帮助他们变成好学、向上的学生,使他们健康成长。

(三)提升教育敏感度

生活无处不教育。为了做出有生命力的教育,我有意识地加强自己的教育敏感度。读书时,我会敏锐地捕捉书中的教育观点,及时将观点转化为可落地的育人策略;看电影或电视剧时,我会将可用素材及时整合到班会中,让学生耳目一新、兴趣大增,在不知不觉中优化学生的价值观;看综艺节目时,我会琢磨如何把这些有趣的元素搬到课堂上,使学生在玩中学。

(四)做全学科的"助教"老师

我经常在班级做其他学科老师的"助教",掌握各学科的教学进度和知识点,了解学生的知识掌握情况。遇到普遍难以掌握的重难点,我会向各学科老师请教,先自己弄明白,然后利用班会或自习时间,让学生逐个讲解这个知识,讲不出来的学生,我会再给他们讲解,直到所有的学生都弄懂为止。久而久之,自习答疑时间,学生们会找我讨论各学科知识,我慢慢成为"全能选手",为班主任工作增添了足够的底气。

我所做出的一点一滴的努力,家长和学生都看在眼里,记在心上。学生的眼里充满了对我的崇拜和爱戴,家长对我也另眼相看,班级也形成了良好的氛围,呈现出了蓬勃向上的态势。

第二节　第二阶段(1997—2007 年):挑战成长期

千磨万击还坚劲,任尔东西南北风

此阶段的 10 年,说来也巧,我成了"接班"专业户。回想起来,正是第一阶段激发了我的斗志,使我在各种挑战中提升了能力,为做一名合格的班主任打下了坚实的基础。

一、第一次接班:原班主任以严格著称

1997 年 9 月,刚刚送走毕业生,我就收到了接班的通知,该班的原班主任退休了。这个班主任是以严格著称的,这让我有很大顾虑,担心学生们会因为我年轻而不服从管理。越临近接班,我越紧张焦虑,甚至偷偷流过眼泪,但是眼泪解决不了问题。我开始认真分析、预测,制定了相应的班级管理方略。

(一)关心学生,做一个有温度的班主任

接新班后,我调整心态,全身心地投入班级管理工作中,积极努力建立和谐的师生关系,与学生们拉近距离、增进情感。但是学生们对此并不在意,他们的冷漠与抗拒令我沮丧。原来,在学生的心目中,原班主任虽然严格,但也因为严格而使班级成绩名列前茅,他们已经习惯了原来的学习方式,突然更换了班主任,学生们难以适应。我需要找到一个突破口,打开这个尴尬的局面,赢得学生的信任。

学生小刘沉默寡言,却喜欢拉小提琴。开学后的第一个主题班会,我安排小刘进行才艺展示。当时,他腼腆地站起来,走上讲台,将他那把精致的小提琴轻轻放在肩上,随着手臂有节奏的滑动,悠扬的琴声飘荡而来,犹如带着甜味的清风,沁人

心脾、令人陶醉。只见他微微低头,轻闭双眼,深邃而忘情地拉着小提琴,《梁祝》
美妙的旋律在教室久久回荡。大家都被小刘的才情所打动,深深沉醉其中。演奏
结束,小刘缓缓睁开双眼,脸上洋溢着自信的笑容。他来到我的面前,微微低下头,
轻声说道:"老师,感谢您给我展示的机会。我以前一直很害羞,不敢表达自己,是
您让我感受到了学习的乐趣,让我敢于展示自己。现在,我真的很喜欢这个班级,
也很喜欢您的教育方式。"这句话像一道温暖的阳光照亮了整间教室。学生们纷纷
报以掌声,赞赏小刘的勇气和进步。

从那天起,小刘变得活跃起来,他开始主动与同学交流,分享自己的想法和感
受。他还积极参与课堂讨论,提出见解。他的小提琴演奏成为班级一道亮丽的风
景线,为整个班级带来了欢乐和感动。后来,小刘妈妈对我说:"孩子回家特别高
兴,他说,这个老师像妈妈一样亲切,对我们十分关心。"

我以此为契机,开始了解每个学生的特点和兴趣,为他们提供个性化的学习体
验,鼓励他们分享彼此的兴趣爱好,相互学习和鼓励。

对于喜欢阅读的学生,我让他们每个月自由选择一本书,在班级分享自己的阅
读心得。这样的活动不仅提升了学生的阅读兴趣,还锻炼了他们的表达能力和批
判思维。针对那些对古诗词感兴趣的学生,我开展了古诗词大赛,不仅让学生感受
传统文化的魅力,而且增强了他们的文化自信。活动极大地丰富了学生们的课余
文化生活,拉近了学生们之间的距离,为学生们提供了听觉盛宴。

对于喜欢运动的学生,我让他们根据自己的特长选择一项运动长期坚持下去,
至少使每个学生都有一项体育特长。同时,我还特别关注学生的体育活动,并且积
极参与学生的体育活动。体育活动缓解了学生的压力,增强了班级凝聚力,使学生
身心更健康。对于喜欢植物的学生,我在教室中开辟了植物角,让他们养一些花花
草草,以美化班级环境。此外,学生们还在校园的一角开辟了一块地,用来种植作
物。负责种植的学生说:"开始,我只是单纯地认为,种地就是撒撒种子,偶尔浇浇
水,后来才发现,种地很不容易,要进行除草、浇水、松土、施肥。也正是在这样的过
程中,我们收获了成长的快乐。"

通过我不懈的努力和真挚的关怀,学生们开始改变对我的看法,并逐渐接受
我。这也让我明白一个道理:只要不断努力和付出真心,就能赢得学生的信赖和
尊敬。

(二)多方借力,高效管理

1.借力原班主任

原班主任最了解班级的情况。向原班主任借力,可以使我少走很多弯路,原班主任的许多经验和方法可以直接拿来使用,为我管理班级提供了极大的助力。

2.借力科任老师

一般科任老师都留任,特别是语文、数学、英语老师。科任老师与学生交流较多,也是比较了解学生的。向科任老师借力,可实现班级管理工作的事半功倍。

语文老师是一位经验丰富的老教师,她颇具亲和力,也熟知班级情况。因此,当我向她了解班级情况时,她倾囊相授,不仅详细讲述了班级情况,还提出了很多管理班级的好方法。令我记忆深刻的是,她一直强调要将一些学生的厌学心理扭转过来。英语老师较年轻,充满活力,在学生中很有影响力。英语老师看到了我对班级的付出,也非常支持我的工作,经常把我的做法给班级带来的变化,在授课时告诉学生们,让学生们感受到。这样的方式学生们易于接受,他们开始接受并理解我。更重要的是,英语老师擅长与女生沟通交流,她的温柔细腻弥补了我的粗枝大叶。通过交流,女生们了解了我,并开始认同我。女生的转变对男生也产生了巨大影响,男生也开始认同我。

3.借力集体活动

每年的9月末学校都要举行秋季运动会,我决定利用好这个能够凝聚班级团结向上力量的契机,与学生深入接触,组织好学生参加运动会,以展现班级的良好风貌。于是,我向两个体育委员了解班级学生的报名参与情况,发现学生们其实对运动会很有热情。但是由于真正擅长体育的学生并不多,在以往的运动会上的表现也不佳,学生虽然有热情,但大都没有自信。我认为,让学生理解、接纳我的时机来了。于是,我召集全班同学共同商讨计划,说道:"只要大家相信我,精诚协作,团结一心,我们一定会取得好成绩。"学生们不太相信,可是看到我如此有信心,便同意按照我的要求来组织训练和比赛。

我平时比较爱好体育运动,对学校运动会的比赛项目非常了解。除了个人报名的单项比赛外,拔河、4×100米接力等集体项目尤为重要,能够直接鼓舞士气。所以在训练中,我着重于训练集体项目,特别是接力比赛的交接棒环节,进行一对一示范指导,亲自指挥训练。同学们的积极性和参赛的自信心终于被调动起来。结果在比赛中,学生们的配合非常默契,一举获得集体项目的总冠军。特别是在拔河比赛中,同学们忘情地呐喊助力,有的学生手都被磨破了皮,却仍然坚持比赛。最终,班级总分排名年级第一。金光闪闪的奖杯,学生们兴奋的笑脸,此前师生间的陌生感和距离感,瞬间化作了师生间幸福的接纳与融合。

二、第二次接班:原班主任以有活力著称

2000 年 9 月 15 日,我刚休完产假回来,就突然被安排接手一个初二的班级,这个班级原班主任是一位年轻的英语老师,人长得漂亮,多才多艺,有活力,与学生相处融洽,深受学生与家长的欢迎。她个人的原因使得学校不得不更换班主任。接手这个班级的难度比较大。虽然我有中途接班的经历,但这次情况不同,我与原班主任存在的差异实在太大了,如她教的英语是主科,学生和家长都特别器重,而我教思想政治,被称为副科,很多家长和学生都不愿接受;她活泼开朗,我比较严肃、不苟言笑。诸多因素的存在,在无形中增加了我管理班级的难度,即便有心理准备,但学生们的反应还是出乎我意料。

接班当天,学校领导带我去班级与学生见面,一进班,我还没来得及自我介绍,就听见一阵细小的啜泣声。我寻声望去,看见几个女生趴在桌子上哭泣。我赶忙上前询问原因,她们却一声不吭,只是眼泪噼里啪啦地一直往下掉。几经询问,旁边一个男生告诉我:“她们想我们的班主任啦!”话音刚落,又有一些学生哭了起来,顿时,教室里哭声连成一片。我一下子愣在原地,这份独特的“见面礼”让我不知所措。

“允许学生们发泄一下情绪吧!”这是我大脑做出的第一反应。因此,我没有制止学生们哭泣,转身跟领导商量,今天第一节课暂停一下吧。于是,我和他们聊起天来。学生们纷纷说原班主任对他们如何好,我顺势也说了一些原班主任对我的种种嘱托,听罢,学生们哭得更厉害了。这时,我对他们说道:“我和你们一样敬重和想念孙老师,虽然孙老师不能继续带这个班,但她相信,优秀的你们不会辜负她的期望,你们会比以前做得更好,对不对?”听到这里,学生们点了点头,不再哭泣。

第二天早上,已快上课,发现还有三个学生未到。我赶紧联系家长,家长却说学生早就到学校了。我一惊,赶忙向其他学生询问他们的行踪,学生们沉默不语。在我的再三追问下,我知道了他们的去处,并及时向三位学生的家长说明了情况。下午班会课上,三个学生齐刷刷地站在教室后面。我说:“你们怎么啦?”他们小声说:“老师,您为什么不批评我们?”我望着一脸歉意的学生温和地说:“你们去看望

孙老师,说明你们是懂得感恩的孩子,我为何要批评你们？但不打招呼就擅自离校,确实做得不对,因为你们让家长和老师担心了！"我们知道错了！"三个学生齐声说道。

这件事后,学生们的情绪慢慢平复了,他们开始慢慢接纳我这个"新"班主任。开学后的第一个周末,家长委员会代表给我打来电话说:"老师,这帮孩子让您费心了。请您相信我们,您从来不是一个人在战斗！"家长的一句话令我万分感动,更增加了我的信心。

此外,在班会课上,我经常讲述原班主任在《班级日志》中记录的点滴事件,通过具体事件肯定原班主任的工作,这使学生们深受感动。同时,我也将每届学生写给我的《致我们的老师》毕业留言册拿出来,讲述我和以前学生的故事。在讲述过程中,我将自己的理念"珍惜相逢,你我同行"渗透给学生,这使我们师生开始有了真正的交流。我想,学生们的反应都是正常的,不被接纳的时候,不能灰心,要主动思考如何克服当下困难。我想要先管理好自我情绪,先接纳学生,要以服务学生作为工作目标,暂不奢求学生理解,也不奢求家长的支持,如此心态方能平和,才能慢慢让学生看到自己的付出,从而得到他们的接受和支持,这也是打开班级管理工作局面的重要起点。

趁热打铁,我开展了"跟老师说句悄悄话"活动。借助此活动,我顺利搭建起师生之间、家校之间的桥梁。在活动中,我和学生们跨过了陌生所带来的阻隔,消除了彼此的陌生感,增加了亲近感,班级管理逐渐走上了正轨。

后来,每每看到学生们围在我身边说说笑笑的开心模样,我就会心生感慨:接手新班,要懂得因势利导、智慧交接,既要从"新"开始,更要从"心"开始,做学生们成长中的温暖续航人！

正当我的学生管理工作有序开展时,我又不得不去面对另一个难题:如何获得家长的理解和支持。之前的中途接班我积累了一定的经验,也有了一定的自信。家长会上,我满心欢喜地自我介绍:"新学年,我将担任咱班的政治老师兼班主任,希望大家理解、支持我。"谁料一位家长却说:"谁来理解我们？我最初是因为原来的班主任是英语老师才选择这个班级的,现在却换成了政治老师当班主任！"一边说一边用意味深长的眼神看着我,那种情景,多年以后依旧清晰地出现在我的脑海中。如此看来,多数家长对班级更换班主任是不满的。我想,如果家长的担心焦虑影响到学生们,那班级工作就不好开展了。家长会后,我便留下了几位家长,真诚地和他们沟通。

我向家长介绍了自己的从教经历、班级管理模式、教学特色等情况。我告诉家长们，每个老师都是不同的个体，无论知识、情感、态度、教学风格、育人艺术、育人技能，还是人生观、价值观、世界观等都不尽相同，不同的老师会带给孩子不同的知识视野、不同的思维习惯。我告诉他们："每接手一个新班级，我都会多角度、多途径去认识、了解孩子们，发现他们的长处，放大他们的闪光点，鼓励他们，让他们产生自信心，卸下'不信任'的心理负担。"我还进一步解释道："学校更换班主任是有原因的，我们不仅要理解学校安排，还要引导孩子辩证思考问题。况且学生接触不同类型的老师，可以锻炼他们的综合能力。"我又说："如果孩子回家提及新班主任没有原来的班主任完美，请引导孩子去发现新班主任不寻常的地方，比如授课方法、班级管理、特长爱好等，让孩子看见不一样的班主任。可以建议孩子深入接触老师，也许会有更多的发现，从而缩短师生间的距离，老师的良好形象在孩子心中就树立起来了，孩子适应新老师也就水到渠成了。"

经过推心置腹的交流，家长们纷纷表示，理解学校安排，相信学校，相信老师，一定配合老师工作，并助力班级的进步。

听到家长们的话语，我激动地说道："请大家放心，我一定会尽我最大的努力，带好这个班级。也请家长向孩子转达，要多和老师沟通交流，这样才能增进师生情感，凝聚班级合力。"

有爱就有回报，有付出就有收获。家长们的理解让我欣慰，又让我感动。我相信，有了良好的家校关系，我一定会赢得学生的欢迎，我一定能将班级管理好。经过我不懈的努力，班级管理步入正轨，学生们在各方面都稳步提升。我的班级管理能力也不断提高，正所谓困难是教育教学生活中的常态，坚信办法总比困难多，不畏惧、不放弃，总会找到更好的解决办法，得到更好的结果。

三、第三次接班：班级以不好管理著称

2003 年，我接手了初三的一个班。这个班级的学生思维活跃、个性极强、成绩分化严重，一直是大家口中不好管理的班级。暑假结束，我第一次与学生见面就引起了轩然大波。"怎么突然换了班主任？之前的老师呢？""我们已习惯了原来的班主任，怎么突然就换了班主任呢？""我们小学就是这样，连换了好几个班主任，这是会耽误学习的。""原来班主任布置的暑假作业还用不用交？"……有的学生坐着，有的学生站着，有的学生则坐在桌子上，他们七嘴八舌、毫无顾忌地讨论着，可见这个班级的难管程度。

我深知这次所接的班级不同以往。之前几个班级只要砸碎坚冰,走进学生的内心世界,之后的管理就水到渠成了,但这个班级需要大刀阔斧地整顿管理。为此,我制订了详尽的计划。

(一)隔阂期:主动出击,升温感情

学生们对更换班主任反应大,存有各种疑问,说明他们对班级都很关心,只是表达不恰当,因此我要找到办法,消除这种强烈的不满情绪。

于是,我给每位学生都写了一封信,信中我先诉说了所有学生对我这个新班主任的质疑和对班级未来发展的担忧,同时表达了我对学生的喜爱。接下来,我对他们的质疑和担忧一一进行排解,并表达我想要融入班级和陪伴他们共同学习进步的美好憧憬。在每一封信中,我没有提出任何规定和要求,也没有丝毫的急躁和质问,只有温暖的问候和殷切的关怀。当我满含深情地写下每一个学生的名字时,脑海中会想象着他们的模样,以及他们看到这封信时的表情。

文字式的沟通取得了非常好的效果,收到信的学生一改之前的焦虑和急躁,很多学生还主动在班级中表达了对我的欢迎。我所选择的沟通形式使学生们感触很深,有的学生直接给我回信:"我从来没有收到过别人给我写的信,太感动了。"有的学生甚至说:"老师居然知道我们每个人的名字,我很惊讶。"还有的学生在日后的交流中很是动情地说道:"老师,我把那封简短的信贴在了我的床头,每天早上醒来,睁眼就能看到。信中温馨的话语一直鼓励着我,陪伴着我。"我用这种主动出击的方式,先点上这一把感情的火,升高彼此心中的温度,融化学生内心的坚冰。

(二)磨合期:用心交流,真诚付出

我向学生表态,班级管理民主公平,只要有利于班级发展、学生成长的意见建议都可以提出来,发现问题立即解决。我担心学生对提意见有顾虑,就采用匿名的形式。学生们担心我对他们的学习抓得太紧,以致影响课外活动。对此,我明确说明,不仅不会影响课外活动,还要定期组织开展各类比赛,要有过程、有奖励。我说到做到,从不轻易取消学生的体育活动,而且在班级定期开展一些比赛活动,带领学生积极参加学校举行的各项比赛,更是鼓励学生代表学校参加各种比赛,而且有的取得了优异成绩。在活动过程中,我拉近了与学生们的距离。

有个性的学生往往是真诚的,我从不压抑他们的个性。我要求学生们写周记,并进行交流。学生们可以在周记中提出班级和自身发展的需求。一次,一个女同学在周记中写道:"坐在教室的第一排,本来离黑板就近,后面的同学还总是往前挤,我的眼睛越来越近视了,老师,您可以规定一下第一排座位离黑板的距离吗?"看到学生的需求,我很快进行了调整,并确定专门负责人随时关注距离。我每次关注第一排与黑板的距离时,总能看见女孩会心一笑,我知道她感受到了老师对她的关爱。就这样,我关注到了每个学生的诉求,他们也变得越来越明理懂事了,使班级各方面都向好的方向发展。这种整体变化,也引起学校领导和老师们的关注讨论。

(三)稳定期:建章立制,有序发展

度过"隔阂期""磨合期"后,班级管理进入了"稳定期"。这个阶段,我与学生协商班级各项事务,逐渐向他们渗透自己的管理理念和育人思路。

1.组织架构,合理高效

在广泛讨论的基础上,班级形成以小组为单位实施管理的模式。班级设立常务班长和一个值日班长,班级各项工作均实行网格化管理,做到"人人有事做,事事有人做"。刚开始,我指导班干部做好引导和释疑工作。班长进行每日总结,表扬班级的好人好事,在积极倡导正能量的同时,提出班级亟须改善之处。在这样的总结梳理中,班级建设既有了学习榜样,又有了努力方向。

2.小组互助,携手成长

在综合学生的各项表现及性格特征基础上,我把优等生、中等生、学困生这三部分学生在排座位时结合在一起,形成由6~9人组成的小圈子,由一名协调能力较强的学生作为负责人,使这三部分学生形成一个互帮互学的小集体。他们不仅座位排在一起,参加各项集体活动时也是一个小集体。这种形式使每个学生都充满力量、快乐成长。

3.营建关系,平等和谐

教师是教育者,学生是接受教育者,但二者是平等的。我积极创造与学生沟通交流的机会,让学生在畅所欲言中接受我的教育。

四、第四次接班:同时担任两班班主任

2005年,由于工作需要,校领导安排我同时担任两个班级的班主任工作,当时我很矛盾,不知自己是否有能力承担起这个重任,是否能管理好两个班级。作为一名党员,我深知应该迎难而上,要出色地完成领导交给我的每个任务。于是,我开启了同时担任两个班级班主任的教育管理探索之旅。

（一）"新班"：用心点燃学生的希望

第一次走进新接手的班，我看到的是学生东倒西歪，听到的是混乱的喧闹声，学习的人非常少。学生们对我视如透明，空气里弥漫着一种敌意。"让其他班级的班主任来做我们的班主任，傻子都能看出来学校不重视我们，我们还有什么希望？"一个学生嘀咕着。我没有作声，转身在黑板上以不同的角度用"人"字构成了一个半弧形，在半弧中间写了一个方方正正的"人"字，字快要写完时，教室突然安静了下来，我慢慢地转回身，虽然他们的坐姿依旧懒散，但眼神却集中在了黑板上。

我说："同学们，老师在黑板上写的字，大家都认识，这是中国文字中最容易写、也是最容易认的字，这个字写起来容易，做起来却很难，尤其是做一个堂堂正正、落落大方的人更难。"随后我用手指了指黑板上写好的字，说："这几个东倒西歪的字，就犹如坐姿不正、走路不正的人，它们与中间的'人'字相比，差距很大，以后大家可以慢慢体会。"我边说边观察，发现有许多学生在悄悄改变坐姿，有的将伸在外面的腿挪进座位，教室里一片肃静，我的一席话有了初步效果。我接着说："大家是否记得一则牙膏的广告，广告中的小姑娘不接受她的继母，排斥她，但即使这样，每天早上她都能看到继母为她挤好的牙膏，那是一种爱的等待。我也会等待大家，等待大家接受我，我将会为此做出不懈的努力，请同学们拭目以待。"

接班后不久，一位老师对我说："我去班级找你，问学生你们老师在吗？坐在前排的一个男生随口回答'死了'。"听后我心里很不舒服。这个男生是一名后进生，平时打架斗殴、旷课逃学，对家长和老师的教育反感，甚至仇视。这样的学生，我想不能直接教育，需要寻找一个适当的机会进行开导。过了几天，他来给我送作业，我顺便问了一下他的情况，然后微笑着问他："老师有个问题要请教你，你说咱们这是在天堂说话呢，还是在地狱呀？"话音刚落，他的脸腾地就红了，头也低下了，小声说："老师，对不起，我以后不这样了。"我用手轻拍他的头说："没关系，老师相信你，你会变得越来越好。"

这件事之后，我发现他看我的目光变了，他的言谈举止也开始慢慢转变。一次数学课上，老师发现他不认真听讲，和邻座说话，于是批评了他。他刚想张嘴反驳，但又立即合上了嘴，低下了头。这让老师大为吃惊。我知道此事后，就向他周围的同学了解此事。原来是邻座同学讲话，他在制止，却被老师误会了。想到他并没像以往那样和老师顶撞，我觉得很欣慰。我把他叫到办公室说："今天的事情老师都知道了,错不在你,老师相信你。"没想到泪水立刻充满了他的眼眶。当有人嘲笑他"因怕讷老师而改过自新、重新做人"的时候,他的回答是"我不是怕她,而是敬她"。这件事让我明白,教师的威信不是靠高声震慑,不是靠批评学生树立起来的,而是靠对学生的宽容和理解。

我全身心地投入这个班级的管理工作中,用"咱们"来称呼班级,谈及这个班的学生必称"我班学生"。每天早上到校我都先进这个班级,月考后也是先给这个班级开家长会……一次,有人递给我一本书,说:"你班学生的。"我不假思索地就跑到这个班级去问是谁的书,学生们默不作声,一个学生举手说:"老师,是另一个班的吧?"我才恍然大悟。那个时刻,学生们的脸上满是幸福和满足。

让学生接受我,我必须先接受他们,我在他们的心田种下关爱的种子,一段时间后,这颗种子终于生根发芽了。

(二)"老班":爱不是除法,是乘法

就在新接手的班级步入正轨的时候,原来的班级又有了新问题。我对新接手班级的投入,使"老班"的学生看在眼里,他们觉得老师对他们的爱被剥夺了,心中十分不舒服。有的学生在日记里写道:"老师好像不要我们了……每当听到老师的声音在新班响起时,我就很生气。"更有一名学生写道:"今天,老师在自习课上坐了一会儿,尽管只有短短十几分钟,可我仍然感到很幸福,此刻,我多么渴望老师能多待一会儿啊,哪怕是批评我们也好。"看到这里,我心里酸酸的,虽然我一如既往地爱他们,但心里却充满了愧疚。

为了平复他们的情绪,我在"老班"开了一个"爱是除法吗?"的主题班会。我让同学们畅所欲言,倾听他们对我的"抱怨",最后我望着他们那一双双含着眼泪企盼的眼睛,说:"我爱听这些抱怨,这些抱怨都是爱的抱怨,是因为大家需要我。其实,我也需要大家,这段时间工作量大,困难多,常常使我力不从心,有委屈,也曾想过放弃,但你们知道我为什么能坚持下来吗?是因为你们,你们让我省心,才能使我有更多的精力管理新接手的班级。爱不是除法,老师对新班的关心不是把对你们的爱分割出去。"学生们明白了此次班会主题的含义。有个学生站起来说:"老师,爱是乘法,因为您是咱班和新班的班主任,我们与新班就是兄弟班级了。"

就在一切都顺利进行的时候,一个戏剧性的场面出现了。在学校的拔河比赛中,"新班"与"老班"相遇了,两班学生都把企盼的目光投向了我。我十分为难,只有站在中间,左右看了看,不知该如何是好。有一个学生说:"老师,您回避一下吧,

省得为难。"我往后站了站。哨声响起了,两边的同学都在努力着。站在一旁的我,看着这场面,一种从未有过的幸福荡漾在心头,眼睛随即湿润了,不管哪边胜利,两个班级都是最好的。

(三)兄弟:团结协作,互助共进

两个班级的管理工作,让我丝毫不敢松懈。一天,我发现"老班"只有三个学生在值日,其中一个还是卫生委员。于是我问:"其他值日生呢?"卫生委员说:"他们走了。"此时教室还有许多未打扫干净的地方,而"新班"情况竟然相似。第二天我询问昨天值日的几个学生,他们的回答都是"我值完日了"。我问:"那为什么还有不干净的地方呢?""那不是我干的活"他们异口同声地说。由此我想,现在的学生大多是独生子女,他们以自我为中心,缺少合作意识。于是我把两班班委组织到一起,让他们以"培养合作意识"为目的组织一次活动,最后他们决定进行一次两人三足比赛。我特意将有合作意识的学生分在一组,又将缺乏合作意识的学生分在一组。比赛结果毫无疑问是前者获胜。回到教室后我趁热打铁,先后让两个班的学生分享活动感想。缺乏合作意识的学生互相指责,具有合作意识的学生认为如果配合再好一些,结果会更好。

于是,我给两个班的学生都讲了一个故事:让两组小朋友做游戏。在一个瓶子里放若干个小球,每个孩子负责一个球,看哪个小组能最快地把小球全部拿出来,结果有合作意识的一组获胜,因为小组内的每一个成员都懂得相互协调,一个一个地快速把小球拿出来。而输的一组成员都着急让自己的小球先出来,于是一起往外拿,结果所有的球都被堵在瓶口,大家乱成一团,结局可想而知。这时,互相指责的同学对视,不好意思地低下了头。看来他们已经明白了,只有合作才有胜利的希望。不久,我发现两个班的同学之间互相帮助的事情越来越多了,特别是在学习上,他们自动结成了"一帮一"互助小组。更令我惊喜的是,两个班的学生之间也开始了合作,早读时间他们互相提醒又互相竞争;自习时间他们互相交流习题(任课教师不同)内容;课后他们相互切磋学习方法……看到两个班的学生融洽相处,我很是欣慰,为自己成为两个班学生交往的纽带而自豪。

五、中途接班的管理反思

(一)保持冷静与耐心、树立信心、保持积极态度

1.保持冷静与耐心

在面对中途接班的挑战时,班主任的冷静和耐心至关重要。由于中途接班的情况比较复杂,因此班主任不能被情绪左右,应保持清醒的头脑和稳定的情绪,这样可以更好地应对各种突发状况,理性地分析问题,采取合适的措施。同时,耐心也是必不可少的。中途接班需要一段时间来适应,班主任应理解并接受这个过程,不能急于求成,要了解班级和学生,逐渐建立良好的师生关系。

2.树立信心

班主任在面对中途接班的挑战时,必须对自己充满信心,要相信自己的专业能力和经验,相信自己的管理能力和方法。信心是成功的基石,只有相信自己,才能更好地应对挑战、克服困难、管理好班级。同时,班主任的自信也会传递给学生,增强学生对班级的归属感和信任感。

3.保持积极态度

班主任在面对中途接班的挑战时,应保持积极的态度。积极的态度有助于班主任遇到问题时积极面对,更好地应对挑战。班主任应不断调整自己的管理方法和策略,根据班级的实际情况和学生特点,采取合适的管理措施。同时,班主任应努力创造一个和谐、有序的班级氛围,让学生感受到班级的温暖和凝聚力。通过传递正能量,鼓励学生积极向上,激发学生的潜能和创造力,促进学生的全面发展。

(二)抓住重点,有计划、有步骤地去解决问题

1.明确班级的主要问题

在接班之初,班主任需要通过观察、调查和交流等方式,全面了解班级的情况,明确班级存在的主要问题。这些问题可能涉及学习、纪律、心理等方面,需要进行深入的分析和思考。只有明确了问题的性质和原因,才能更好地制订有针对性的管理计划和措施。

2.制订重点管理计划

在明确了班级的主要问题之后,班主任需要制订重点管理计划,有针对性地解决这些问题。在制订计划时,需要考虑学生的实际情况和需求,确保计划的可行性

和有效性。同时,班主任还需要根据实际情况进行调整和改进,以确保计划能够得到有效执行。

3.抓住重点学生群体

在班级中,总有一些学生是问题的焦点。班主任需要特别关注这些学生,了解他们的学习、生活和心理状况,制订个性化的辅导计划和措施。通过关注重点学生群体,可以有效地改善班级的整体状况,提高班级的管理效果。

4.持续跟进和反思

在实施管理计划的过程中,班主任需要持续跟进学生的表现和反馈,及时发现问题并采取措施解决。同时,班主任还需要对自己的工作进行反思和总结,分析管理措施的有效性,不断完善自己的管理方法和策略。通过持续跟进和反思,班主任可以更好地应对中途接班的挑战,促进班级和学生的健康成长。

(三)使学生能安静上课作为改善的第一步

学生上课说话现象普遍存在。中途接班,由于学生存在抵触心理,此时没有心思上课,以致在课堂上不认真听讲,互相交头接耳。班主任应该将使学生能安静上课作为改善的第一步,可以尝试以下一些建议和策略。

(1)明确课堂规则:首先,班主任和任课教师应明确课堂规则,包括上课时不能随意说话。让学生明白规则的重要性,并告诉他们违反规则的后果。

(2)建立积极的课堂氛围:创造一个积极、有序的课堂氛围,有助于减少学生上课说话的现象。教师可以通过鼓励、表扬等方式激发学生的积极性和参与度,同时也可以通过设置小组讨论等互动环节提高学生的课堂参与度。

(3)加强课堂管理:教师应注意课堂管理,及时制止学生的说话行为,可以采用提醒、警告等方式,引导学生意识到自己的错误并及时改正。

(4)建立良好的师生关系:教师与学生建立良好的关系,关注学生的情感需求,有助于更好地了解学生的情况,及时发现问题并采取措施解决。

(5)开展班级活动:通过组织班级活动、增强班级凝聚力、培养学生的团队协作精神,减少学生上课说话的现象。

(四)中途接班与家长有效交流

苏霍姆林斯基说:"如果没有整个社会,首先是家庭的高度教育素养,那么不管老师付出多大的努力,都收不到完美的效果。学校里的一切问题都会在家庭里折射出来,而学校复杂的教育过程产生的一切困难的根源也都可以追溯到家庭。"因此,如何让家长真切感受到老师的良苦用心,使家校沟通有效,进而形成家校教育合力,是我每次中途接班时着重考虑的问题。

1.亮出决心,请您放心

善于抓住契机,让家长了解老师,他们才会放心把孩子交给老师。我的秘诀就是——亮出决心,请您放心!

2000 年 9 月所接手的班级在新学期开家长会的时候,家长们得知更换班主任后,当即炸开了锅:"这个班怎么了? 是试验班吗?""孩子们刚刚适应一个老师,现在又换,这是什么情况?""孩子升初二是关键时期,这时候换老师,学校是怎么考虑的?""真是无语了!"更有的家长直接挑衅:"给我们换了一个教副科的老师当班主任,这不是欺负人吗?!"……面对家长们的质疑,我又急又气,感觉大脑里的血液直冲头顶,可静下心来细想,这不也恰好说明家长对孩子的重视嘛? 只有重视,才会关心,如果处理好了,以后工作不是更好做了嘛? 思考之后,我先自我介绍:"各位家长,你们好! 由于学校工作安排,我将担任这个班级的班主任,希望得到各位家长的合力支持。希望能够并肩作战,一起为孩子们创造美好的明天。"我先亮出我的决心,一定将这个班级管理好,然后让家长们配合。

我坚定的决心和真诚恳切的言辞感动了大家,家长们纷纷表示愿意支持我的工作。其后,家长们果然都非常配合我的工作,而我也努力兑现诺言,努力管理好班级,不让任何一个学生在学习上掉队。

2.知己知彼,百战不殆

接新班前,我会先与前任班主任对接,详细了解班级学生的家庭教育情况,再找科任老师了解学生的学习状况以及家长的配合度。我还仔细询问每个学生,家长对他们学习成长的期待。我把这些信息一一详细地记录下来,并分类总结,细细揣摩分析:哪些学生出现问题时可以直接和家长沟通,他们会很好地配合、处理;哪些家长需要老师反复联系,并告知教育方法;哪些家长不在孩子身边或者根本不管孩子,只能老师自己着手解决……

小凡在每周总有一两天不写作业,但我不能直接把这件事告知家长,因为他父亲只会打骂他。也就是说,对小凡而言,找家长不但不能解决问题,还会让他受"皮肉之苦"。因此,我抓住开学以来小凡作业完成效果不错的契机,在其父亲面前大力表扬他,这令他的家长十分高兴。深入交流之后,我发现:小凡父亲非常重视孩子的学习,就是脾气暴躁,教育不得法。于是,我建议他收敛脾气,无论如何不能再对孩子使用暴力;要尝试走近孩子,认真聆听孩子内心的真实想法。我也对小凡郑重承诺:除非他的表现实在太糟糕,否则我绝不会轻易向他父亲"打小报告",但他一定要尽全力保质保量地完成各项作业。此举助推了小凡的学习积极性,很少有不写作业的情况发生了。

正所谓:知己知彼,百战不殆。只有深入了解学生的家庭情况,老师才能有针对性地进行沟通指导,发挥出家校合作的最大功效。

3. 将心比心,以心换心

苏霍姆林斯基说:"真正的教育意味着人和人心灵上最微妙的接触。"班主任若要获取家长的信任,与家长形成教育合力,应将心比心,以心换心,推心置腹,以理服人,用真诚温暖人心。双方只有真诚相待、交换真心,彼此理解、尊重、信任,家校合作才会一路畅通。

接新班不久,科任老师反映,小豪的学习状况令人担忧,关键家长还很不配合老师工作。作为班主任,我多次与家长沟通,每次交流都满心恳切与期盼。我详细地给小豪母亲分析了孩子的情况:他的优点有哪些,进步在哪里;目前存在哪些问题,原因是什么,该如何解决、改善……当他书写有进步、成绩有提高、课上能主动回答问题时,我立即告知家长进行表扬,让家长全面了解老师的教育理念、目标、态度、方法、进程、效果。看到我和同事们在小豪身上付出的心血与努力,小豪母亲感动不已,就自己之前不理解、不配合的冷漠行为向我们表示歉意,并在之后的教育过程中,心悦诚服地听从我的建议、配合我的工作。

第三节　第三阶段(2007—2018年):沉淀成熟期

不经一番寒彻骨,怎得梅花扑鼻香

此阶段的10年,我的工作按部就班,比较稳定,3年一个循环,所带的班集体都特别出色。这得益于前10年的捶打、历练,我积累了丰富的管理经验和方法,有效建立了完善而稳定的班级管理模式,形成了自己的管理风格和特有体系。

一、营建积极向上的班级文化

俗话说,三流班主任靠情感治班,二流班主任靠制度治班,一流班主任靠文化治班。无论是情感、制度,还是文化,只要班级治理得井井有条、健康发展,都是好的。不过,文化治班才是引导学生走向班级自治的必经之路。

(一)精神文化

精神文化是班级的灵魂。每接一个新班,我都会和学生们协商给班级取一个独特的名字,建立班级愿景,如班级奋斗目标、梦想、班歌等,有了班级愿景的引领,班集体有了凝聚力,师生就成了造梦高手,教室就成了造梦空间;确定班训、班级口号、班级格言、班级标语等,形成正向一致的群体价值观;结合实际情况开发建设有特色的班本课程等。

(二)制度文化

建立健全班级制度是带好班级的重要因素。班级管理要走出传统的管控模式,探索民主管理、班级自治的新举措,如出台班级公约、完善班级管理组织机构、健全规章机制和科学的评价体系。

班级公约由学生共同制定,老师参与指导,但不包办代替,充分信任学生。班级公约一旦形成,就要进行诚信宣誓,让学生感受公约的庄严,产生敬畏之心,师生的一切言行受公约制约。

一个班级的管理组织架构十分重要。我特别重视班干部的选拔和培养,尤其是常务班长的选择和确定,这是我新接一个班之后做的第一件大事。刚开始,我对班级学生还不太了解,先由学生自荐,组成临时班委会。然后,我会观察哪些学生是班级的"孩子王",这样的学生一般都有组织能力,所以才能成为"领袖人物",再从中寻找心地善良、胸怀开阔的"领袖人物"。"孩子王"分两类:一类凭学习成绩、帮助别人、能容忍等取得威信,这样的威信能够长久。有些凭逞强霸道,暂时取得的威信,这不是真正的威信。在心地善良的"领袖人物"中,再对比谁的头脑聪明、思维敏捷。我选择常务班长,主要看这三条:一是有组织能力;二是心地善良、胸怀开阔;三是头脑聪明、思维敏捷。

班干部确定后,我开始着手培养他们的工作能力,强调班干部必须确立三个意识。

▲ 1. 服务意识

班干部首先是为同学服务。同学们有什么困难,班干部第一时间为同学提供帮助,要让同学们觉得班干部是最乐于助人的同学。

2. 主人意识

班干部的主人意识首先体现在,班干部不仅是老师的助手,更应该是学生的代表。有时班干部是代表全体学生在和老师交流,有时是代表学生来监督老师的工作。其次体现在,班干部工作要有主动性和独立性,不完全依赖班主任,比较棘手的问题可向班主任请教,但实际工作还是由班干部自己完成。

3. 创新意识

大到班级管理方式的选择,小到一项具体活动的组织,班干部应尽量体现出自己的智慧,并有创新意识。

（三）主流文化

班级要有自己独特的主流文化。我在分析班情班风的基础上,植入班级的成长理念,引领学生思考:我们要打造一个什么样的班级? 我们班级要朝什么方向发展? 这就是成长理念,即班级文化的主线。从入学到毕业始终用成长理念来贯穿,是一个班级文化的顶层设计,或者说是一个系统思维最重要的内容。

如何做好班级主流文化? 首先要明确班级建设理念,提炼打造班级文化的关键词并加以详细解读与落实。只有这样,班主任才能带领学生一起打造出属于自己班级的主流文化。我的班级成长理念是:"我们或许不是最优秀的,但一定是最努力的。""努力"成了班级学生的共识。正是做到足够努力,在三年里,每个学生都发挥出了最大潜力,获得了最好的成长。

二、建立良好的师生关系

《学记》云:"亲其师,信其道。"良好的师生关系是班级管理的前提。那么,如何构建良好的师生关系呢?

（一）倾听与理解:建立信任的基础

每个学生都是独一无二的存在,各有其独特的思想情感与需求。我会耐心倾听他们的心声,洞察他们的困惑与困扰,建立起真诚的信任关系。当学生感受到被理解和被关心时,他们会更愿意打开心扉分享内心深处的想法与情绪,进而加深师生间的深情厚谊。

(二)尊重与包容:构建良好师生关系的前提

班主任要尊重学生的个性差异和多元化需求。每个学生都有独特的才华与兴趣,对此我极为看重并鼓励他们发掘和发展个人特质与优势。与此同时,面对学生的不足与错误,我始终秉持包容态度,给予他们空间与机会去修正和成长。在这样尊重与包容的氛围中,我着力构建一种基于平等与和谐的新型师生关系。

(三)引导与支持:建立良好师生关系的关键

在师生关系中,我会扮演引导者和支持者的角色,关注学生的成长需求,并适时提供必要的教导与援助。在学生遭遇学习或生活中的挑战时,我会迅速响应,提供鼓励与支持,助力他们战胜困难,实现自我蜕变与成长。同时,我还引导他们树立起正确的价值观与人生观,为他们铺就通向美好未来的稳固基石。

(四)持续沟通与反馈:维系良好师生关系的纽带

班主任要与学生保持持续的沟通和反馈。沟通是维系师生关系的纽带。我会定期与学生展开深入交流,以掌握他们的学习进展与心理动态。同时,我会实时给予学生反馈与评价,帮助他们明晰自身优点与不足,找准前进的方向。

三、建立有效激励制度

我会有意识地在班级管理中引进激励机制,以充分激发学生的竞争活力,采取的激励方法包括参与激励、情感激励、竞争激励、目标激励、评价激励等,同时赋予特殊意义的物质奖励,来促进学生的全面发展与成长。

(一)参与激励

参与激励可以培养学生的自我管理能力。我鼓励学生积极参与班级管理,从被动的管理对象转变为积极的管理参与者。在班级管理的各项决策中,诸如制定"班级誓言""课外阅读公约""班级行为规范"以及选定"班训""班歌"等活动,我都充分尊重并体现学生的主体地位。通过这种方式,学生增强了主人翁意识,被极大地调动了积极性,从而提升了自我管理能力。

（二）情感激励

情感激励可以解锁学生的多元潜能。充分发挥情感激励的巨大作用，使每个学生的潜能都能得到充分开发和成功释放。我会借助黑板报、作业点评、班级公告栏以及学生评价手册等多种渠道，用心写下对每位学生的激励话语，以增强学生的自信心，增进师生间的情感互动。对于后进生，我在教学和管理中尤为注重挖掘他们的亮点，即便是微小的进步，也会及时给予认可与赞赏，帮助他们建立自信心，从而踏上积极向上的发展道路。

（三）竞争激励

竞争激励可以展示学生的个性特长。在我的班级管理实践中，竞争激励体现在多方面。

首先，小组公平竞争，确保各个小组在公正环境下进行比拼。

其次，班委会是搭建展示个性与特长的平台，亦是良好班风形成的关键。选拔那些品学兼优、乐于服务、组织能力强的学生担任班干部，并对其进行指导，让他们在平衡学习与工作、锻炼自身能力的同时，服务于同学。我严格监督班干部的工作表现，及时指正错误，表彰优秀，同时推行干部轮换制度，引入竞争机制，确保每个学生都有机会展示自我，使他们经历挫折教育，培养适应社会所需的必要心理素质。

再次，在每周举行的激励大会上，通过评选出各类"班级之星"，如勤俭之星、劳动之星、体育之星、礼仪之星、艺术之星、学霸之星、进步之星等，让"学困生"看到进步的可能性，让"优等生"保持挑战自我的动力，鼓励学生们相互学习，借鉴他人优点，共同进步。

最后，在班级的各个环节植入竞争激励机制，无论是课堂教学、课外活动、小组研讨，抑或是日常卫生打扫，都将作为学生展现个性特长的舞台。这样，每个学生都能在不同领域中发挥所长，为个人的全面发展以及推动班级整体进步奠定了坚实基础。

（四）目标激励

目标激励可以点燃学生的奋斗热情。我强调引导学生制定明确且层次分明的目标体系，将班级整体目标从宏观到微观，从长期愿景到短期规划进行有效拆解。

首先,共同确定"班级口号",作为班级总体目标。接下来,将总体目标细化为不同学期的阶段性目标,并进一步细分至德、智、体、美、劳五个方面的具体指标。在此基础上,指导每个学生根据自身特点和需求,确立个人本学期的发展目标,从而使班级共同目标与个人成长紧密结合,赋予目标更强的指导性和激励作用。围绕学生发展目标,我精心策划了一系列特色鲜明的班级活动,让学生在愉悦的氛围中感受到集体的温馨与关怀。一个团结友爱、温暖和谐的集体,会让学生由衷地热爱集体,并将这种热爱转化为对学习的专注与投入。在班级活动中,我鼓励学生积极参与决策,充分展示自我,从而激发他们积极向上、顽强拼搏的精神,进而增强班级整体的凝聚力与向心力。

(五)评价激励

评价激励是鼓舞学生坚持不懈的重要手段。评价形式丰富多样,涵盖了口头与书面、言语与非言语、定期与不定期等各种类型。运用评价激励时,应当兼顾其及时性、具体性、针对性、肯定性、否定性和艺术性,确保评价的有效性和激励功能。在班级管理中,我设立了"学习进步奖",为全班同学,特别是后进生提供证明自己、争取进步的机会,从而激发他们积极进取的热情和作为班级一员的主人翁责任感。我将每次评价视为学生崭新的起点,着眼于未来,使每次评价都能成为推动学生持续进步、永不枯竭的动力源泉。

第四节　第四阶段(2018年至今):突破创新期

问渠那得清如许,为有源头活水来

2018年,我有了一个新角色——大连市人民代表大会代表(简称"市人大代表"),这使我外出开会和培训的次数明显增多。起初,我有些担心,这样会不会影响班级管理工作呢? 我认真思考这个问题,我觉得学生的潜力是无限的,孕育着无穷无尽的力量,要相信学生。多年的教育教学和班级管理实践使我明白,最好的管理是让学生进行自我管理,让每一个学生都能从内心深处反省自己、管理自己,那才是教育和管理的最高境界。

自主管理要遵循民主和科学两个原则。

一、民主

所谓民主就是班级的事情大家办,大家的事情大家说了算,以增强主人翁责任感。我以善良、仁爱之心,平等善待班级中的每位学生,坚信每位学生心灵深处都是一个宏大的世界,其中真、善、美,假、恶、丑,积极、乐观、进取,消极、悲观、懒惰并存,我的责任就是帮助学生坚守住内心深处追真、向善、求美的阵地,坚守住积极、乐观、进取的阵地。之后再一点点拓展,使师生、同学之间形成一种互帮互助的关系,使学生成为班集体的主人,引导学生承担班级事务。我坚持一个原则,即普通同学能做的事班委不做,班委能做的事班长不做,班长能做的事班主任不做,同时按学号让学生轮流当班长。

民主就是大家的事大家商量,班级怎么管、知识怎么教、能力怎么练、作业怎么留、班会怎么开……都和学生们商量,和优等生商量怎样更上一层楼,和后进生商量怎样超越自我,和特长生商量怎样发展优势……商量民主决策有效的方法。民主意味着自由,但不能理解偏颇,我反复向学生强调,民主绝不是想怎么样就怎么样,世界上最大的自由是遵纪守法,一个人在制度允许的范围内施展自己的个性才能,才是真正进入了谁也不能限制的自由王国。

二、科学

所谓科学,就是按规矩办事,按照班级管理规律制定班级管理制度。30 多年来,我一直坚持依"法"治班、依"法"教学,口号与说教的力量极其有限,真正解决问题还是要靠班规班法,靠班级管理制度。我会和学生们一起研究班级管理的规律,共同制定班级管理的制度。有了制度执行制度,制度不完整补充制度,制度落后废除制度,制度烦琐简化制度……制度面前人人平等,制度之内人人自由,制度之上没有权威,制度之外没有民主。

担任市人大代表后,我着重引导学生进行自主管理,增强自主管理的意识和管理的能力。我不在学校的时候,班级学生做到了人人有事做,事事有人做,"权力"分解,责任分担,大家都是管理者,又都是被管理者,一人帮助大家,大家帮助一人,尽管我不在,但我们班级照样充满了生机和活力。

我注重培养学生们的工作能力。我告诉学生,不管谁承担哪一份工作,刚开始时都没有经验,都可能出现失误,但失误以后不要害怕。责任不在大家,大家尽管大胆开展工作,特别是当我不在学校时,就更要帮助班干部工作。班干部指挥可能会失误,但即使失误了,大家也要先服从,不争论这样做的对与错,等老师回来再研究,确定以后改正的方法。只有这样坚决地给班干部做后盾,班干部才没有后顾之忧,才敢于放开手脚、大胆工作。我会坚定地做学生自主能力培养的后盾、顾问、导演。

另外,我的新身份让学生们备感自豪,他们不仅在校好好表现,而且也开始关注社会问题、现实问题了,思考问题也更加深刻了,视角也更加多元化了。我和学生经常讨论各类社会热点话题,他们会建议我可以将哪些问题作为提案内容,我想我的这段经历,对我的学生们的成长也是非常有益的。

第五节 30年班级管理心得:"七心""八度""三关系"

一、"七心"

做一名合格的班主任要有"七心",即爱心、信心、诚心、耐心、公平之心、细心、责任心。

(一)爱心

爱心包括以下两方面内容。

1. 爱班主任这个角色和工作

班主任是全班学生的组织者、教育者和指导者,是学校领导实施教育的有力助手,同时也是沟通学校、家庭、社会三结合教育的桥梁。班主任的工作关系年轻一代的健康成长。作为班主任,只有热爱这个角色和工作,才能担负起这个责任,才能甘于为学生的健康成长付出努力和汗水。

2. 爱学生

班主任要关心每个学生的成长,关注他们在学习和生活中的点滴进步;用爱心去温暖学生,让他们感受到关怀与支持,从而更好地成长。班主任在与学生的交往中,感情上要充满爱心,多"投资",让学生能感受到班主任的"爱"。卢梭曾说:"凡是教师缺乏爱的地方,无论品格还是智慧都不能充分或自由地发展。"班主任要能够使学生安安心心地学习,并热心服务班集体。班主任对学生要动之以情、晓之以理,让学生感受到如沐春风、春风化雨般的温暖;要用教育机智去启迪学生、引导学生,叩击出学生的快乐之心、智慧之光,并由此激发出学生创造的汩汩源泉。

(二)信心

信心包括班主任对班级、学生的信心。班主任要善于鼓励,以调动学生的积极性,增强学生的信心。具体做法包括:利用典型案例树立学生信心;讲解名言警句激发学生的信心;介绍好的学习方法以指导学生增强信心。

(三)诚心

俗话说:"精诚所至,金石为开。"班主任必须以诚待人、以礼服人,不要高高在上,让学生望而生畏、敬而远之。班主任要以诚心赢得学生的信任,并以发自内心的真情实感去打动学生、感染学生、教育学生,使学生做到"亲其师,信其道"。

(四)耐心

初中生正处在生长发育阶段,各方面还不成熟,辨别是非的能力还不够成熟,难免会犯这样或那样的错误。因此,班主任必须要有耐心,不能急躁,针对学生个性发展的差异,要正确评价学生,发现学生的闪光点,尊重和认可学生,形成宽松的教育氛围,构建民主、平等、合作的师生交流平台。面对学生,班主任需要不断磨炼自己的心性,培养从容不迫的气度,历练不斤斤计较的大气场,学会从有利于学生长远发展的角度处理问题,把握教育规律,练就教育的大智慧、大格局,力争教好每一位学生。

(五)公平之心

正确而公平地对待每个学生是班主任管理好班级的关键。如果只看重"优等生",对"优等生"处处予以关照、帮助,甚至对"优等生"所犯的错误只是轻描淡写地说一下或略过,把"优等生"视作"宠儿",这样会使"学困生"产生逆反心理,更会造成学生心里的极大落差,极易形成师生的情绪对立,所以公平公正是班主任必须遵循的原则之一。在班级管理中,班主任要确保每个学生都受到公平的对待,不受偏见和歧视。只有这样,学生才能感受到公正与平等,形成积极向上的心态。

(六)细心

班主任的工作时刻都要细心。班主任要善于观察学生的言行举止,善于捕捉教育细节,能够发现学生情绪的变化,及时发现学生的问题,并制定有针对性的解决策略,给予学生积极的引导和帮助。细心能够让班主任更好地发现学生的潜在需求,为学生提供个性化的教育服务。

(七)责任心

班主任应具有强烈的责任心。班主任不仅对学生的学习负责,还要关注学生的身心健康和成长需求。只有具有了责任心,班主任才能在工作中时刻保持敬业精神,为学生的健康成长创造良好的环境。

二、"八度"

班主任工作要有"八度",即制度、广度、热度、力度、高度、角度、灵活度、高低度。

(一)班级管理有制度

没有规矩,不成方圆。管理班级首先要有科学的管理制度,同时要以人为本,尊重学生,调动学生自主参与班级管理的意识。班主任应根据班情和实际与学生们一起制定班规。班规一旦制定,就要完全遵守,任何人违反班规,都要受到惩罚。

(二)班主任工作有广度

班主任工作面极广。从教育主体来看,要关心全体学生,平等对待一切学生,既要关心优秀学生,也要重视后进学生;要关爱单亲家庭学生,还要关注有情绪、有心理压力的学生。从教育内容来看,要注重学生的全面发展,不仅关心学生的成绩,也要重视他们的思想和心理;不仅要重视他们的道德意识,还要增强他们的法律意识和观念;既要让他们接受现代思想,也不能放弃中国传统文化中的精华。从教育影响来看,班主任的教育涉及家庭、学校、社会,可以说教育一个孩子,成就一所学校,带动一个家庭,影响整个社会。这就必然要求班主任要有多方面的才能,管理学生的同时,还要成就更好的自己。

(三)工作态度有热度

做班主任工作要有工作热情,这样才能把工作做好。"怕路不平畏险峰,三分热度事无成。"班主任要不忘初心,始终保持对教育事业的热心,在面对各种问题和困难时,要以一种积极的心态面对,把困难看成对自己能力、智慧和耐心的挑战,把困难和问题当作锻炼自己的机会。我们要真正承担起一个班主任的职责,要有担当精神。著名教育家于漪说过:"要做一辈子教师,一辈子学做教师。"

(四)教育过程有力度

班主任在教育教学过程中要有力度。

首先,教学方面要有力度。要当好班主任要先当好教师,如果一个教师在自己所从教的专业课上没有让学生产生权威感,不能让学生信服,那学生在其他方面也不会信服班主任。所以,班主任一定要先把自己的业务提高上去,这样才有利于班级管理。

其次,管理工作要有力度。这并不意味着苛刻或严厉,而是在尊重与关爱的前提下,对班级纪律、学生行为规范与学习习惯的严格要求和有效引导。班主任应树立明确的行为准则,公正公平地对待每一位学生,对学生的不良行为及时纠正,对学生的优秀表现予以表扬和鼓励,通过严谨而不失人性化的管理,构建和谐有序的班级氛围。

(五)教书育人有高度

有人说:"我们所做的一切,都是在为未来做准备。我们的教育是为了未来的教育,是着眼于孩子一辈子的教育。教师的工作,很大意义上是留给未来的!"这句话道出了教育的高度。我们要教育学生树立远大崇高的理想,要求学生把目标设定为为追寻知识的真谛而学习,为民族、国家、未来而学习,这就要求教师必须致力于培养开拓创新型人才,而不是唯分数论。高度不是空中楼阁,教师要先改变自己的教育教学理念,要善于学习,勇于创新,要站得高,才能看得远。在日常班级管理中,我会经常把自己的所看、所思、所悟与学生分享,让学生懂得自己应当担负的责任:修身、齐家、治国、平天下。

(六)批评学生有角度

每次批评学生的时候,我都在心情平静后,找准角度,找准切入点,再与学生交谈。因为学生犯错后,就有了心理防御,也做好了如何应对老师的批评的准备。特别是那些经常犯错误的学生,他们在与老师"做斗争"的过程中,积累了丰富的"经验"。所以,面对性格不同的学生,采取的方法也应该不同,或直入主题,或旁敲侧

击,或巧妙迂回,或围而不打,从而突破犯错误学生的心理防线,打开教育学生的
切口。

(七)处理问题有灵活度

班主任日常工作充满了各类大小事务,同时需要关注并妥善处理学生个体出
现的问题。在事件处理与学生教育上,尤其需要展现灵活的教育智慧。考虑到班
级中每个学生在心理素质、生理特征等方面各有差异,且即便是同一学生,在不同
的环境影响和个人发展阶段,其成长速度和状态也会有所变化。因此,班主任在工
作方法上务求灵活多变,注重因材施教,针对不同的学生、不同的情况,采取适宜的
教育策略,以确保每个学生都能在个性化的引导下健康发展。

(八)期望目标有高低度

在当前强调全面发展的教育背景下,班主任对学生的期望值设定应具有"高低
度",应考虑到每个学生的个性差异。如果无视学生在学习能力和认知水平上的差
异,强行设定过高的期望值,无异于揠苗助长。因此,对学生目标期待的高度必须
恰如其分,不宜过高或过低。若设定的目标过于宽松,学生无须付出太多努力就能
达成,这不仅不利于激发他们的进取心,反而可能滋生骄傲自满情绪,失去激励的
效果。反之,若目标设定得过高,即使学生竭尽全力也难以企及,会导致他们丧失
学习兴趣,感到压抑和挫败,甚至可能产生抵触情绪。因此,班主任在提出期望目
标时,应立足于学生的实际水平,使其既具有一定的挑战性,又能通过努力实现,即
所谓的"跳一跳就能够得着"。这样一来,每一个学生都能够在其各自设定的合理
目标范围内积极进取,不断实现自我提升。

三、"三关系"

班主任是班级工作的领导者、班级活动的组织者。一名合格的班主任能够处
理好三种关系:学生之间的关系、师生之间的关系、班主任与科任老师之间的关系。

(一)学生之间的关系

班主任要特别关注班级的凝聚力,注重学生之间的团结关系,因为学生之间的
关系直接影响班级的氛围。

（二）师生之间的关系

师生之间最好的关系是"亦师亦友"。教师教授学生知识，指引学生成长的方向，要成为学生的良师，又要平等地对待学生，以朋友的身份与学生交流，使学生敞开心扉。

（三）班主任与科任老师之间的关系

班主任与科任老师之间的关系是班级和谐的强力催化剂，只有班级各学科老师乐于奉献，齐心协力，相互尊重、配合，才能使一个班级越来越好。

总之，打造好学生之间、师生之间、班主任与科任老师之间的和谐关系，才能让班级更好。

光阴荏苒，转眼间我已在教育战线上度过了 30 多个春秋。多年来，我亲眼看见了教育条件的改善，亲身感受了国家对教育的重视，这使我感到无比的喜悦。从以前的一支粉笔、一块黑板到现在的触屏电脑、智慧课堂，科技给教育带来了翻天覆地的变化。作为一名老师，我为所有学生能在这样的环境中健康成长而高兴。我很骄傲自己是一位老师，老师的职业虽然是普通的，但所从事的事业却是不普通的。我要继续努力，无愧于我的人生，无愧于教育事业。我坚信，教育是一场幸福的双向奔赴，是一次师生间的互相成就。我庆幸自己当了班主任，参与并见证了每个孩子的成长。伴随着我一路走来的，有喜悦、欢笑，也有忧愁、痛苦，有获得成就感时的自我欢畅，也有见证孩子们和自己一步步成长的欣慰。

第二章　班级管理篇

30 多年的班级管理经验,使我明白管理好一个班级,主要从以下七个方面入手:一是打造良好的班级文化;二是引导学生进行自主管理;三是建立和谐的家校关系;四是做好后进生转化工作;五是批评学生要有艺术;六是创设情境,巧用故事育人;七是善于利用心理效应管理班级。

第一节　打造良好的班级文化

班级文化是以全班学生为主体,以班主任主导,以培养学生的创新精神和实践能力为重点,以全面提高学生的思想道德、文化科学、劳动技能、审美能力和身体心理素质为目标,由全班师生在教育、教学、生活与各种活动的相互作用中共同创造的,以班级物质环境、规章制度及价值观念、道德观念、班级精神、心理倾向为主要特征的班集体文化。

每次接手新班,我都会酝酿班级文化建设的方案,一般包括以下步骤和内容。

一、确立班级文化目标和内容

要明确班级文化建设的目标,因为目标就像指南针,它指引着我们的行动方向。一个明确的、可实现的目标对于班级文化建设来说至关重要。这个目标要围绕学生的学习、成长和社交等方面展开,同时充分考虑学生的兴趣、特长和需求。

班级文化建设分三种:第一种是显性文化,可以摸得着、看得见的环境文化,也就是物质文化,如教室墙壁上的名言警句,悬挂在教室墙上的班训、班风等醒目图案和标语等。第二种是隐性文化,包括制度文化、观念文化和行为文化。制度文化包括各种班级规约,构成一个制度化的文化环境。第三种是从学生身上表现出来的言谈举止和精神面貌,称为行为文化。

（一）显性文化建设

一个班级是否具有显性文化，是衡量这个班级环境的重要标准。在一个窗明几净、极富文化的班级里，学生会自发形成一股浓郁的学习风气，同时道德情操也会得到熏陶。在这样一种积极向上、温馨融洽的环境里，学生也会产生强烈的归属感，触动学生自发加入建设班级文化的行列，使文化建设与学生发展积极互动，最终取得教育的成功。从古时的"孟母三迁"到"近朱者赤"，再到今天的"环境出人才"，无不证明了环境文化的重要性。班级的显性文化建设需做好以下几点。

1. 保持教室干净整洁

干净整洁的教室不是打扫出来的，而是保持出来的。在平时的工作中，我经常告诉学生看到地上有纸屑就捡起来，课桌椅要摆放整齐，扫帚、水桶等要放在指定位置，每个学生都要有主人翁的责任感，要意识到教室就是我的家。教室卫生是班级文化环境的基础，在此基础上才可以延伸拓展。

2. 重视教室布置

"班训"或"班徽"一般张贴或悬挂在教室的醒目之处。教室正墙悬挂国旗以及张贴治学格言，两侧墙壁张贴一些字画、人物等（可由学生选择）；教室四角设置成自然角、科技角、书画角等；黑板报定期更换，由学生自主排版、策划。整体看来，教室布置要清爽和谐。最好的办法是先确立班级主旨，如布置成一个热爱自然的班级，可以以四季变化来布置，从而激发学生探索大自然的兴趣。

3. 栽培绿色植物

教室窗台可放置绿色植物。绿色植物具有使人宁静，让人清除身心、视觉的疲劳，使教室生机盎然等作用。有时还特意将花开的特殊时期赋予更大的寓意，为学生成长助力。绿色植物由学生负责定期浇灌和更换，同时相互分享栽培过程中引发的感想。

（二）隐性文化建设

隐性文化是班级文化环境的核心，最能体现班级的个性特征和特有的精神面貌。隐性文化建设有以下几方面内容。

1. 制度文化建设

班主任应引导学生集体商议制定班级规章、制度，制度制定后要认真实施，并坚持"依法治班"。班级制度中要突出精神风貌、价值观念、言谈举止等具有文化气息的条款,给制度以灵魂,共同发挥规章制度的激励和约束作用,明确学生人格发展的方向。

2. 精神文化建设

精神文化是班级文化的灵魂,表现为一个班集体的班风、班训等。

(1)班风

班风是指某一个班级的精神面貌和整体氛围,是班级的对外形象。良好的班风一旦形成,对班集体和集体中所有成员都有一种鼓舞与制约作用,它是在班主任的引导下通过全班同学共同长期努力形成的一种精神力量。

优良的班风主要包括:有明确的集体奋斗目标和班级特色;有体现一定时代要求的精神风貌;有鲜明的个人人格修养目标。

(2)班训

班训是班级整体精神、目标的体现,主要是对学生的要求、训导、告诫或防范。

综观我国大中小学的校训和班训的目标,主要是抓青少年的文化人格和非智力因素的养育与训导。从理论上说,这些素质是人赖以立志、立业、立言的道德基石,或叫基础文明,像勤奋、朴实、诚实等。从社会实践的角度看,班训及其学校教育强调的这些品质,也是符合我们对现代人人格的期望的。

班训是班级个性、特色的高度概括和精神标志,是班风、教风、学风的共同参照目标。特别要指出的是,班训是班主任是否具有自主权和教育观以及创造性地贯彻执行教育方针的胆略、能力的一种反映。

下面是我曾经带过的一个班级包括班风、班训在内的精神文化建设的内容。

班级名称:恒毅班——恒心和毅力;

班训:诚实做人,诚信做事;

班风:自立、自律、自信、自强;

学风:勤学好问,乐学善思;

口号:我不一定是最优秀的,但一定要做最努力的;

目标:创建优秀班集体。

(三)行为文化建设

行为文化是班级文化环境的体现,是学生身上表现出来的言谈举止和精神面貌,主要通过班级活动来建设,如知识竞赛、文化沙龙、文艺展示等,这既可以增强学生的知识储备,培养学生的才艺能力,同时也能促进学生之间的交流合作,改善

▲ 精神面貌。

丰富的班级活动可以从以下几方面入手。

1.组织多样化的文体活动

演讲比赛、模仿配音比赛、手势舞展示等活动,可以让学生在轻松愉快的氛围中锻炼身体、展示自我、提升自信。

2.开展学习交流活动

作业题讲解、读后感交流、同读一本书等活动,可以鼓励学生互相学习、共同进步。

3.创设社会实践机会

志愿服务、社会调查等活动,可以让学生了解社会,增强社会责任感。

二、提升班级影响力

班级影响力是班级文化建设的成果体现。通过提升班级影响力可以增加学生在班集体中的幸福感和成就感,增强班级的凝聚力和向心力。

提升班级影响力可以从以下几方面入手。

(1)树立优秀榜样:表彰优秀学生和先进事迹,树立班级内部的榜样形象。

(2)加强对外交流与展示:组织学生参加各项活动,如课本剧表演、校本课研究、体育比赛等,加强与外界交流合作,展示班级文化成果。

(3)创新班级特色项目:开发具有本班特色的文化项目,吸引外界关注和认可。

(4)提升班级形象标识:设计具有本班特色的标识或口号,将其作为班级文化的象征,增强学生对班级的认同感。

(5)积极争取集体荣誉:通过努力争取集体荣誉,激发学生的积极性和集体荣誉感。

第二节　引导学生进行自主管理

在班级管理中,我充分发挥学生的主体作用,无论是制订班级计划、班规班纪,还是处理一些问题,都要让学生参与讨论制订并付诸实施。这样既能提高学生班级管理和问题处理能力,又能使学生在集体中找到自己的位置并树立主人翁的意识。在充分发挥学生的主体作用的同时,我也不忽略班主任的主导作用,如当学生遇到困难时,我会及时给予帮助;当学生思想上出现波动时,我会及时进行谈心疏导;当学生之间闹矛盾时,我会引导他们正确处理人际关系;当学生在学习上出现懈怠时,我会及时督促他们端正学习态度……总之,"导"应贯穿于班级管理的全过程。学生的主体作用和班主任的主导作用有机结合,使班级管理取得了良好的效果。

一、利用班规,培养学生的自我管理能力

班级管理的核心是引导学生自我管理。班主任应了解和研究每一个学生发展的可能与需要,让学生的个性获得积极自主的发展,使每个学生在班集体中都能充分发挥作用,这是既"解放"学生又"解放"教师的好方法。成功的学生自我管理,是班级管理的整体目标内化为学生个体自我约束的目标,整体和个体的目标高度一致,并形成了班级管理中"自管"和"他管"的和谐共鸣。

学生的自我管理能力,包括时间管理、情绪管理、学习管理等方面的能力,让学生学会自我约束和自我发展,这就需要有班规来进行约束和规范。班规是规范学生的行为准则,是培养学生自我管理的重要载体。

(一)初建班级,班规养习惯

"有道之君,行治修制,先民服也。"(《管子》)治国要有法可依,同样,"治班"要有"章"可循。这个"章"就是班级的常规管理制度。

入学之初,学生活泼好动、自控力差,这段时期对学生行为习惯的培养至关重要。鉴于他们缺乏对规则的认识和制定班规的能力,我结合《中小学生日常行为规范》和学校一日常规,根据班情、学情,从学习习惯、卫生习惯、劳动自理能力、文明礼仪和纪律意识等五个方面制定班规,为学生树立在校行为规范标准。

为了督促学生认真落实班规,我专门设计了"周积分表"和"好习惯积分册",对学生的各方面表现进行评价。班规施行一段时间后,大部分学生能够自觉要求自己,或在老师的提醒下规范自己的行为,在各个方面都取得了明显进步,班级生活也更加有序了。

(二)持续跟进,分析问题准定位

随着班规的实施,我发现了三个不容忽视的问题:一是部分学生对自己言行的规范依赖于老师的在场监督;二是学生在劳动自理、纪律意识和课间文明方面存在

▲ 问题较多;三是班规对规范个别学生的行为效果不佳。

我结合班情、学情,总结出了产生上述问题的可能原因:学生正处于由他律到自律的发展阶段,多以他人的要求作为判断是非的标准,缺乏自律意识和能力。因此,要想方设法让班规成为全班学生共同的情感约定,使学生在情感上认同班规,从而内化于心、外化于行,让班规成为对自我的约束。同时,对于个别学生的问题行为,要挖掘其背后的可能原因,提供有针对性的指导,促使学生接纳自我并做出改变。

(三)精准指导,有效实施班规

1.赋予班规情感,获得学生认同

要在班规中渗透情感元素,消除学生对班规的抵触心理,并逐渐内化为自身的行为准则。下面以学生卫生习惯的养成为例进行介绍。

(1)真实情境,引发情感体验

学生卫生习惯的养成是班级德育工作的重点之一,但教师的言语说教和行为示范都难有长效。于是,我决定创设情境,促进学生养成良好的卫生习惯。我将日常发现的卫生问题拍摄成照片,并制作成短片,或者组织学生参观有卫生问题的地方,并组织讨论、发表感想,借助直观情境激发学生的情感体验。

(2)对话交流,提供情感支持

在班会上,我先引导学生们观看照片,从第三视角关注教室卫生情况;然后,我让学生联系生活诉说自己的卫生习惯;最后,我将教室比作我们集体生活的家园,引导学生共同维护教室卫生,创造一个干净整洁的学习环境,就像爱护自己的家一样。

(3)制度保障,养成良好的卫生习惯

我还借助班级奖评制度加强学生良好卫生习惯的养成,促使班规真正落到实处。

此外,针对不同的班规内容,我通过讲故事、做游戏等方式创设情境,使学生在体验中感受班规的情感属性,从而内化于心,养成好的习惯。

2.制定弹性规则,创造学生成长空间

教师应在让学生明确底线规则的基础上,为学生创造自主成长的空间。在学校生活中,晨读、课业辅导和课间三个时段最考验学生的自主能力与自律意识。下面以晨读和课业辅导时段对学生的能力培养为例进行介绍。

（1）布置学习任务，引导自主学习

每天放学的时候，每科课代表会将第二天早自习要做的事情，都一一写在黑板上。将规定数量的学习任务写在黑板上，规定不同学习任务的学习时间，督促学生在规定时间内完成，培养学生专注、守时的好习惯。

（2）实施奖评制度，营造良好学风

针对班级学生的学习情况，我设计了"作业之星"评比表。学生作业达标后，用不同颜色的彩笔勾勒彩虹条；单元练习达标后，会有多种形式的物质奖励，以增加形象积分的精神鼓励。一段时间后，学生自主学习能力进步显著，班级学风也变得更加浓厚。

（3）提供选择空间，促进自主成长

对于提前完成学习任务的学生，如果任由他们自由活动，就会影响其他未完成任务的学生，不利于培养学生的学习习惯和营造良好学风；但如果强硬干涉或禁止学生的某些行为，又剥夺了学生的权利。因此，在尊重学生的基础上，我让学生在完成学习任务后开展一些不影响他人的活动。如果无事可做，可以观察其他同学在做什么，或者向老师或同学寻求帮助。通过为学生提供选择的空间，使学生感受到被尊重与被接纳，在主动选择中将班规内化于心、外化于行。

二、讲究方法技巧，引导学生自我管理

注意探求教育的方法和技巧，引导学生进行自我管理，在组织管理的细微处下功夫。

（一）实行值日班长制

我会保护班干部在学生中的"管理权威"，放手让他们处理班级日常工作，帮助他们树立威信，并充分发挥班干部的管理和自我管理的作用。我所带的班级实行"值日班长制"。班委会成员及其职责不变，在此基础上设置"值日班长"，按学号轮换，谁做"值日班长"就全面负责班级各项工作，上传下达，记好班级各项本簿。实行"值日班长制"，让每位学生都体验当班干部的过程，这既是体验为同学服务的过程，也是体验教育同学的过程；既是提高工作能力的过程，也是增强主人翁责任感的过程，更是自己受教育的过程。每位学生都具有"管理者"和"被管理者"的双重身份，并且能够自然地进行角色转换。教师要以人为本，充分尊重每一位学生，相信每一位学生。

(二)发现学生身上的长处

教师要引导学生进行自我管理。平时注意发现学生身上的长处,同时也留意学生身上的"小问题",了解他们的兴趣,因材施教,逐渐培养他们的自信心,帮助他们逐步融入集体,增强集体的活力,进行以"扬长避短"为目的的自我管理。

我经常与学生谈心,了解学生的心理状况,关心他们的学习和生活,跟他们打成一片;不断丰富自己的文化知识,提高自身的政治素养和道德水平,真正做到学高为师、身正为范,以自己的一举一动、一言一行影响学生,从而实现以"不教而教"为目的的学生自我管理。

(三)班级管理严宽有度

班级管理要做到严宽有度。一宽一严、一张一弛乃教育之道。一般来说,从"严"治班,包括四个方面:一是从严律己,以身示范;二是要有规范学生行为的严明纪律;三是在违纪面前要有严肃的态度;四是处理班级事务时要有严谨的步骤。从"宽"治班,就是宽以待人,多发掘、欣赏学生身上的优点,在对其表现出"严"的同时,还要考虑其自尊心及心理承受力,为其留有悔过自新的空间余地,让学生能在认识错误后以愉悦的心情重新站起来,从而规范以"循规蹈矩"为目的的自我管理。

第三节　建立和谐的家校关系

最美的声音,是家校同频;最好的教育,是家校共育。为凝聚家校合力、搭建共育桥梁、营造和谐教育、促进学生健康成长,班主任要与家长保持密切联系。尤其是初中阶段的孩子,正处于青春期,不再像小时候一样常与家长聊天,这时要及时与家长分享孩子的在校表现,如课堂参与度、作业完成情况、孩子在校情绪等,想尽办法调动家长的积极性,使家长成为自己的同盟军。我平时多采取以下方法。

(1)以鼓励为主,给孩子和家长发喜报,家长都希望看到孩子的进步。

(2)定期给家长写信,结合班级情况以及教育学、心理学的知识,提升家长的教育素养。

(3)定期评选优秀家长、特殊贡献家长等,让家长们看到老师的用心,让他们跟随孩子一起进步。

(4)期中、期末进行表彰,授予"书香家庭""亲子共读先进个人""评选好父母""感动班级好家长"等荣誉称号来表彰做得好的家庭。

(5)顺应时代发展,将现代媒介巧妙运用到教育工作中。利用 QQ 群、微信群与家长沟通交流,非常便捷。在班级微信群中开展面向家长、孩子的微讲座,打破以往家长与家长单一的联系,有利于及时了解彼此的做法,促进家长间的互相学习和借鉴;搭建孩子们展示才华的舞台,微信群中的讲座不只局限于家长,还可以把孩子们引进来,最大限度地发挥班级微信群的鼓励功能。

第四节 做好后进生转化工作

后进生是班级比较特殊的一个群体,他们往往在学习和纪律等方面表现得都不尽如人意。因此,为提升班级管理工作,班主任应特别关注后进生的转化工作。在转化后进生的过程中,我经常做到以下几点。

一、关心和爱护后进生

教师对后进生真诚的爱,是转化他们的第一剂良药。后进生往往比较自卑,缺乏自信心,班主任要特别关心和爱护他们,多与他们交流沟通,了解他们的思想动态和学习情况,让他们感受到老师的关爱和温暖。

有一年,由于特殊原因,一个班级被拆解,班中的学生要被分配到其他班级,一个非常"出名"的学生被许多班主任"拒收"了,他落寞地坐在自己的位置上,看着同学们一个个被新班主任带走,他的眼中满是不安和渴望。第二天,校领导来找我,看到领导后面跟着的那个无精打采的学生,我明白了,领导要把这个学生分到我的班级。我不想看到这个学生再次被无情地拒绝,于是欣然接受了他。至今我都记得,我点头的那一瞬间,他的眼睛一亮,然后如释重负地对着我笑了。那笑在我看来,是他对未来生活的一种向往和对我的温情谢意。

我把他领到教室门口,很高兴地对同学们说:"同学们,今天,我们班上迎来了一位新同学! 大家欢迎他!"同学们立即报以热烈的掌声。新同学还没有座位,这时我自言自语地说:"哎呀,新同学还没桌椅呢!"学生们都听懂了我的暗示,几个男同学都举起手来大声地说:"用我的桌椅吧!"说着他们便站了起来。我带着新

▲同学走到了前排一套已经让出来的桌椅前。这场面，显然让新同学非常感动。接下来的初中生活，这名学生虽然出现过很多问题，但我和同学们都没有放弃他，他也很顺利地完成了初中学业。事实证明，当学生感受到来自集体的爱的时候，他自然会有努力的方向和动力。

二、善于发现后进生的优点和长处

苏霍姆林斯基谈到后进生时曾说过："这些孩子不是畸形儿，他们只是人类无限多样化的花园中最脆弱、最娇嫩的花朵。"后进生并不是一无是处，他们也有自己的优点和长处。班主任要善于发现他们的闪光点，并给予及时的表扬和鼓励，帮助他们树立自信心。

工作30多年来，我没有放弃过一个后进生或学困生，经过不懈的努力，使他们都成为最好的自己，自信地走向未来的生活。与他们交流时，我会问："你的优点是什么？"几乎所有的学生都是同样的表现——先是一愣，脸上一片迷惑，好像在说："什么？我还有优点？"我接着问："那你有什么缺点呢？"学生不假思索地"一、二、三、四……"地说了出来。

我想方设法引导学生发现自己的优点，从而使他们积极向好的方面发展。当学生说不出自己优点的时候，我通常和学生这样说："怎么可能呢？每个人都有优点。你爱妈妈吗？"

"爱呀！"学生大声回答，以一种奇怪的表情看着我，好像在说："我怎么可能连自己的妈妈都不爱呢？"

我笑了，说："你看，你有孝心，这不就是优点吗？"

就这样，学生开始娓娓道来："我在家经常扫地。""我肯帮助同学。""我乒乓球打得不错。""我同情弱者。"……他们说出了自己许多的优点。

当学生意识到自己也有许多优点时，便开始自尊、自爱起来。作为一名教师，要善于发现并引导学生发现自己身上"美好的萌芽"。

三、培养后进生的学习兴趣

后进生往往对学习缺乏兴趣，成绩不理想。班主任要积极培养他们的学习兴趣，帮助他们掌握正确的学习方法，提高学习效率和成绩。

四、加强与家长的沟通和联系

后进生的形成往往与家庭环境有关,因此,班主任要加强与家长的沟通和联系,了解学生在家庭中的表现和情况,共同制订转化计划,促进后进生的转化。

1. 写家校联系本

让后进生为自己选择一个"帮助人",这个"帮助人"每天要将后进生的当天表现,包括纪律、作业、进步、问题等内容,写在家校联系本上,让后进生带回家给家长看。

2. 填报喜单

新学期开始,我就印制了一沓"学生进步报喜单",每个周末发给本周进步明显的后进生,让他们带回家向家长报喜。

3. 定期沟通

定期与家长沟通学生的状况,共同制定帮助学生的方法,有效缓解亲子关系。

五、转化后进生的有效方法

教师必须认识到,后进生的转化工作是一个长期的、反复的教育过程。一次谈心、家访、班会等,会对后进生产生心灵触动,或者一段时间内有了向好的方面发展的迹象,但从此就成为一名优秀生的可能性不大。"犯错—认错—改错—又犯错—又认错—又改错……"这是后进生普遍存在的情况,教师在心理上要接受后进生的一次次"旧病复发"。与此同时,教师要继续充满热情和信心地鼓励他们一次次战胜自我,并引导他们从自己"犯错周期"的逐渐延长或者错误程度的逐渐减轻的过程中,看到自己点点滴滴的进步,体验进步的快乐,进而增强继续进步的信心。

在长期的后进生转化过程中,我采取的比较有效的具体方法如下。

1. 外出游玩

我常常利用节假日邀约班上的后进生和他们的"帮助人"去野外郊游,有时把这样的活动当作对后进生的奖励。当学生忘记了我是他们的老师,而和我敞开心扉交流的时候,我的教育就成功了一半。

2. 写"每日八问"

引导后进生养成每天"自省"的习惯。一问今天是否影响了其他同学的学习;二问今天上课是否开小差;三问今天是否做过不文明的事;四问今天是否说过脏话;五问今天在学习上是否提出了问题;六问今天的功课是否复习、预习了;七问今

△ 天是否战胜了弱点;八问今天是否有遗憾。

3. 写《灵魂的搏斗》

引导后进生自己战胜自己并体验其中的乐趣。我常常在后进生做了一件他以前不容易做到的事之后,让他写一篇名为《灵魂的搏斗——记一次"战胜自我"的经过》的作文,然后在班上朗读,以激励更多学生。

4. 比、学、赶、超

每个后进生都寻找一个与自己各方面接近的同学作为"竞争对手",在纪律、学习等方面展开比赛,并定期全班评比。比、学、赶、超,每个学生都飞快地向更好的方向发展。

5. 作文表扬

经常向全班学生布置写《××同学进步大》的作文,并在班上朗读或张贴在墙上,形成一个催人向上的集体舆论氛围。

6. 推荐好书

有针对性地给有关学生推荐有益读物,并定期和他们一起讨论阅读体会,引导他们形成健康的精神生活。

实践证明,让后进生在自我教育的同时又接受集体的监督,既允许其反复,又鼓励其进步,这最能体现"以教师为主导、以学生为主体"的教育科学。

第五节　批评学生要有艺术

【案例故事】

"老师,三年相处,让我难以忘怀的是您的眼睛,因为您的眼里总会有我。在我迷茫的时候,特别喜欢看到您的眼睛,因为您的眼里总是有让我感到温暖的目光。"一段娟秀的文字,让我不由得想起那个小女孩——晓晴。

晓晴个子不高,白白净净的,说话有板有眼,给我印象最深的是她做事的认真态度。不久前,我们年级进行了一次测试,要求学生们把试卷拿回家让家长签字,第二天各小组长收好试卷交给我,我着重查看了几名成绩退步的学生试卷,忽然我看到了一张笔迹秀气的试卷上分数有明显改动,接着往下看,几处扣分已有显著改动,鲜红的叉叉已经淡淡退去。我查看名字,竟是晓晴。当时我非常震惊,一个特别乖巧、听话的女孩子居然会有这样的行为?我不想预测什么,课间休息时把她叫到办公室。我害怕伤害她，就轻声询问："试卷的分数是你改的，还是同学改的？"只见她低头不敢看我，默不作声。我又说："你说实话，老师不会责备你的。"她犹豫了一下，用极其微小的声音说："是我自己改的。"那一刻我没有批评她，反而安慰道："你别怕，这么做是怕成绩退步被爸爸妈妈责罚，对吗？"她的眼泪流了下来，哽咽着说："老师，我知道错了。您原谅我吧，我以后再也不会这样了！"我语气柔和地说："老师时常说，一个人的品德比学习成绩更重要，你要想取得好成绩，可以通过自己的努力。这次的事老师原谅你，也替你保守秘密，不会让班里任何同学知道。爸爸妈妈那里你知道应该怎么做吗？"我用充满鼓励的眼神看着她，接着说："在老师心里，你还是那个乖巧、可爱的小女孩。"她点了点头。第二天，她格外认真听讲，那张单纯、可爱的脸上洋溢着自信的光彩，偶尔我们会相视一笑，更深的寓意都在笑容里。

教师在教书育人过程中，对违反纪律的学生进行批评教育，是不可避免的。但如何批评学生，既让学生认识到自己的错误，又不伤害他的自尊心，需要教师的批评艺术和智慧。

一、批评学生不要伤其自尊

俗话说："树怕伤根，人怕伤心。"自尊心是学生成长的精神支柱。学生如果犯了错误，教师就批评学生的种种不是，大声指责、挖苦讽刺、严厉教育，使学生的自尊心受到严重伤害，这有可能使学生产生消极情绪、厌学情绪、抵抗情绪，甚至自暴自弃等不良后果。因此，在日常教育工作中，教师应理解学生的不足，允许学生犯错误，给学生改正的机会，与学生平等对话，动之以情，晓之以理，让学生认识到自己的不足，使学生寻找到前进的方向。这样不仅可以呵护学生的自尊心，还可以帮助学生树立信心，让学生变得乐观和自信，从而收到良好的教育效果。

苏霍姆林斯基说："要像对待荷叶上的露珠一样，小心翼翼地保护学生幼小的心灵。"作为班主任该如何在日常教育教学的点点滴滴的小事中去保护学生那颗敏感的自尊心呢？

（一）要怀有一颗爱心

班主任关心爱护学生，学生才会敞开心扉，愿意与之交谈。班主任只有怀有爱心，才能包容学生的一切，与学生进行真正的心灵沟通，才能允许学生犯错，允许学生争论，而不是使学生见到班主任就敬而远之。

（二）要有一双善于发现优点和长处的眼睛

法国著名雕塑家罗丹说过："美是到处都有的。对于我们的眼睛而言，不是缺少美，而是缺少发现。"教师要善于发现学生的优点和长处，要"打着灯笼"找学生的优点，为他们创造施展才能和获得承认、表扬的机会，不断增强他们的自信心，提高他们的学习兴趣。同时教师要包容学生的缺点，并帮助他们逐步改正；还要寻找学生身上的闪光点，及时鼓励和表扬，并把这些闪光点放大，树立学生的自尊心和自信心。

（三）要重视对学生的正确评价

教师在评价学生时，要注意恰当、得体，不能戴有色眼镜，不要用"老眼光"看待学生。评价学生时，教师要做到全面、客观，要用心观察，及时引导，让恰当的激励评价成为学生前进的动力。

（四）批评时要尊重学生

苏霍姆林斯基曾说过："一个好的教师，就是在他责备学生，表现对学生的不满，发泄自己愤怒的时候，他也时刻记着：不能让儿童那种'成为一个好人'的愿望火花熄灭，而应'充满情和爱'。"每个教师都应记住这一点，在批评学生时应尊重学生，保护学生的自尊心。同时应当选择恰当的时机和场合，切莫在大庭广众之下批评学生。

（五）要以宽容心对待学生的错误

学生犯错误时，教师批评学生要有技巧，既能帮助学生认识错误，又不至于伤害学生的自尊心。教师要保持一颗宽容的平常心，不要横加指责，要相信学生能够知错就改。金无足赤，人无完人，更何况是孩子。有时老师的一个不经心的眼神，一个不经意的动作，都会在无形中影响学生，或者说缩短师生的心理距离，唤起学生内心的自信和无穷的潜力，使之快乐、健康成长。

二、注意提高批评的语言艺术

批评与表扬一样，是教师在教育教学中鞭策学生成长进步的一种手段。恰到好处地使用批评这一手段,能使学生认识并改正自己的缺点和错误,奋发上进,从而收到事半功倍的教育效果。

(1)批评要讲究艺术。批评是基于教师对学生的爱,是一种真诚的思想交流,它通过教师的语言、眼神、动作等起到批评的作用。

(2)批评一定要把握时机。教师要善于观察,抓住时机批评教育学生,使学生深刻地认识到自己的缺点和错误,并能真诚地感受到教师对自己的关怀、爱护和帮助,以克服缺点,改正错误。

(3)批评学生要讲究话术。俗话说:"好话一句三冬暖,恶语伤人六月寒。"教师要使批评达到预期目的,在批评学生时,就一定要讲究话术。教师的语言要能触动学生的心灵,使学生听后,能去思考、去回味、去反省、去自纠,这样才能收到良好的教育效果。批评话术因人而异,如对于个性外向的学生,可直言不讳,指出问题,明确要求,令其改正;对于性格内向的学生,要给予情面,留有余地;对于倔强的学生,要压住火气、冷静处理,反而能达到效果;对于优秀的学生,要一针见血,否则会引起他们的自满情绪,不利于健康成长;对于后进的学生,要循循善诱,启发诱导,用真情感动他们,使他们改正错误。

苏霍姆林斯基在《和青年校长的谈话》中指出:"教育者的任务是既要激发儿童的信心和自尊心,也要对学生心灵里滋长的一切错误的东西采取毫不妥协的态度。"批评是在感情强烈、情绪激动、需要改变状态的情况下的一种交流。它犹如一支强心剂,用之得当,立刻起效;用之不妥,可以伤人。因此,批评要因人因事而异才能取得良好的效果。批评对被批评者来说,是一种心理上的刺激和震动,是对其不良意识和错误行为的冲撞,是促使他反思既往、追求进步的推动力。因此,教师要善于运用批评这一手段。

陶行知先生说过:"你的教鞭下有瓦特,你的冷眼里有牛顿,你的讥笑中有爱迪生。你别忙着把他们赶跑。"批评的目的是终止一种错误倾向,改正一种错误行为,帮励学生确立正确的发展方向。教师应该掌握批评的语言艺术,让批评变得易于接受。那么,在教育教学中批评应有哪些语言艺术呢?

(一)要言之有爱、润物无声

我国著名教育家夏丏尊先生曾说过:"教育不能没有感情没有爱,如同池塘没有水一样,没有水就不能称为池塘,没有爱就不能称为教育。"教师的批评语言一定要言之有情、言之有爱,像春雨一样渗透到学生的心田,让学生听后能从内心深处感受到教师的关爱,体会到教师的良苦用心。对于犯错的学生,教师要以仁爱之心、宽容之心、真诚之心来唤醒学生的改过之心。这样的批评语言才能真正触动学生的心灵,达到"润物细无声"的良好教育效果。

(二)要留有余地、适可而止

教师的批评应把握好尺度,掌握好分寸,做到适可而止。教师批评学生时,一定要适时、适度,维护好学生的自尊心。教师的语言一定要做到文明、亲切、感人,要把话说到学生的心坎里,以贴心的话语来打动学生。只有这样,学生才能心甘情愿地接受教师的批评,从而主动改正错误。

(三)要发人深省、体现宽容

教师的语言,要言有尽而意无穷,要能启发学生自己去思考、去反省。叶圣陶先生曾说:"最好的教育是自我教育。"每一名学生都希望自己能成为教师心目中的好学生,但由于他们缺乏自制力,常常会犯这样、那样的错误。因此,教师一定要深入了解学生的思想动向,多与他们进行沟通,善待他们、宽容他们,给他们留下改过的余地和思过的空间,让他们通过教师的启发和诱导,积极主动地认识错误和改正错误,从而促使他们不断地自我反省、自我认识、自我评价,最终达到自我完善的目的。

(四)要刚柔相济、软硬适度

任何事情都是两面性的,过犹不及。批评语言也是一样,一定要刚柔相济、软硬适度。也就是说,批评语言既能体现出教师对学生的严肃批评和严格要求,又能体现出对学生的晓之以理、动之以情。这样才能使学生从思想上、心理上和感情上接受教师的批评。如果教师一味地强调"刚",而缺少必要的"柔",那么,学生就会认为教师不近情理,师生间容易产生心理隔阂,造成逆反心理;反之,如果教师的语言过分地"柔",而缺少必要的"刚",就会给学生造成教师软弱可欺的错觉,反而使教师的真诚帮助、热心开导付诸东流。因此,批评语言只有做到"刚"与"柔"有机结合,才能得到学生的理解与认可,使学生能真心地接受教师的教诲,并积极主动地认识错误、改正错误。

学生的内心世界是丰富的,他们的情感体验是多彩而敏感的。在对学生的批评教育中,不仅要激励学生,而且要探索批评的艺术,针对学生的性格特点、接受能力,采取艺术的批评手段,让学生在和风细雨中心悦诚服地接受批评,进而达到教育目的。

第六节 创设情境,巧用故事育人

"每天放学前的 15 分钟,是我最期盼的时间,因为这是您的总结教育时间。您总是以故事的方式娓娓道来我们应该懂得的道理,如实事新闻、微视频、寓言故事,内容涉及古今中外,让我们明白为人处事之道,每次都给我们焕然一新的感觉,又给我们带来人生启迪。"一名学生在毕业留言中这样写道。还有的学生写道:"我的初中三年,是在听老师的故事中度过的,故事让我成长。"是的,我喜欢创设情境,巧用故事育人。每天放学前的 15 分钟,是班级一天情况的总结时间,我会针对一天中班级发生的事情和学生的表现,以及班级管理方面的问题,做一个总结,同时创设情境给学生讲故事,或播放视频。

以故事育人是一种集能量、意识、信息为一体的教育方式。故事中有人物,有人物的意识活动,这能够直接影响学生的意识;故事中有情节,情节的曲折变化和直观呈现,可以影响学生的行为;故事中有语言文字,这可影响学生的语言,感受生活的气息。

一、故事种类繁多

记得在一次期中考试后,几名学生因为成绩不理想而情绪低落,为了使学生重燃斗志,我播放了《一个深陷沼泽地的骏马》的视频。

故事情节是这样的:一匹深陷沼泽地的骏马,安静地等待着死亡的来临,因为它的主人已经无计可施。这时来了一位牧民,他把自己的马群赶过来,让马群围着那匹马在四周狂奔起来。刚开始,骏马无动于衷,似乎已经认命,但随着马群的激烈奔跑,骏马受到鼓舞,它开始在沼泽地里奋力挣脱烂泥的束缚,一次,两次,三次……终于,它从深深的沼泽地里腾空而起,一下子跃了出来,并奔跑着跟上了马群。

此时,我发现学生们的表情发生了变化,甚至有的学生眼里满含泪水,我知道他们不仅仅是被感动,应该是被这种自我觉醒的精神所打动。我抓住机会跟进:人生总会遇到这样那样的挫折,但我们不能放弃,人生没有救世主,唯有自己救自己,才能让生命有价值,我们要做一个自我觉醒的人。学生们都默默地点了点头。我知道,这是一次对生命的唤醒。这样的情景教育,比苍白的语言要有力得多。

我收集的故事种类繁多,有历史方面的、生活方面的、政治方面的,等等。

二、故事育人效果显著

故事育人的实际效果,取决于选什么故事、故事的呈现方式、教育实施方式及其与学生客观需求的完美融合等。由于故事是集能量、意识、信息为一体的,作用于学生时也是多方面的,既有道理上的认同或反对,又有情绪、情感上的支撑,还有行为上的示范模仿,能够影响学生的言行举止,使学生发生真正的改变。

值得一提的是,在故事育人的过程中,切忌千篇一律。为保障教育效果,减少负面影响,故事育人应引起我们的认真对待和足够重视。教师要善于用故事启迪学生,让学生在潜移默化中受到教育。

第七节　善于利用心理效应管理班级

在班级管理工作中,巧妙运用心理效应理论能够极大地提升教育效能与管理水平。学生的行为习惯、学习态度乃至人格的形成深受其心理状态的影响。因此,通过理解和把握诸如"破窗效应""森林效应""木桶效应"等经典心理规律,并将其智慧地融入班级日常管理中,可以有效地激发学生的积极性,使他们具有良好的行为规范,并形成正确的价值取向,从而营造一个和谐、积极的班级氛围。

一、破窗效应

小翔的桌面总是乱糟糟的,每次收作业、讲卷子,他总是毫无头绪地寻找,多数情况下都是"一无所获"。起初,我只是对他进行提醒,他也保证一定改变。可是,一两天后依旧如此。让我意外的是,这样的行为竟然在更多学生身上出现了,我心想,这不形成"破窗效应"了吗?

"破窗效应"来自美国斯坦福大学心理学家菲利普·辛巴杜在1969年进行的一项实验。他将两辆完全一样的汽车,一辆停放在加利福尼亚州的帕洛阿托的中级社区,另一辆停放在环境杂乱、肮脏的纽约布朗克斯区。后面这辆车被摘掉了车牌,卸掉了顶篷,结果当天它就被偷走了,而前面那辆车在社区停放了一个星期也安然无事。后来,未被偷走的这辆车的玻璃被敲了一个大洞,结果仅仅过了几个小时,它就被偷走了。

"破窗效应"的意思是不良现象的存在传递着一种信息,这种信息的传递如不加遏制,就会使得不良现象层出不穷。所以,在班级管理中,任何一件有碍于班级整体发展的事情都应及时有效的解决。

(1)平时做好预防,防微杜渐。在日常班级管理中,班主任对于潜在的问题和不良习惯应做到早发现、早干预,通过引导和教育,防患于未然,确保学生能够在健康积极的环境中全面发展。

(2)事发后要溯源,从源头解决问题,以防后患。如遇到学生行为偏差、学业困难、人际关系冲突等问题时,班主任不仅需要针对具体事件进行及时处理,更需深入探究其背后的深层次原因,如家庭教育影响、学校教育机制、个体心理发展等因素,彻底根除隐患。

(3)对学生要有适度的惩罚,同时警示他人。在教育实践中,对学生实施适度的惩罚,其核心目标并非单纯为了处罚个体,而是要通过个案警示全体学生,引导他们明辨是非、遵守规则,从而形成良好的行为习惯和价值观念。适度惩罚是建立在尊重和理解学生的基础上,旨在培养学生的责任感和自我约束力。

(4)找准着力点,逐渐修复"破窗",不能让坏风气形成"气候"。在班级管理过程中,找准学生行为规范、道德素质以及学习习惯等方面的问题关键点,通过及时发现个别学生的小问题并立即解决,防止不良风气和行为习惯在学生群体中逐渐蔓延并固化。

二、森林效应

如果一棵树孤零零地长在荒野里,大多数情况下都长得枯矮畸形;但如果它生长在森林中,则会和周围的树木进行良性的生存竞争,最终长成参天大树。这种现象被称为"森林效应"。

"森林效应"迁移到教育上面:个人的成长是通过在集体中与人交往、与人竞争实现的,集体的要求、成员的素质对于个人的成长具有极为重要的作用。良好的集体能够造就心智健康的人。一个良好的班集体,它不是自然而然形成的,而是班主任长期精心管理的结果。班主任要重视培养学生的集体观念,这样才能形成班级管理的良性循环。

三、木桶效应

"还记得初二期末阶段,孩子已经意识到学习的重要性,但成绩一直没有提升,孩子自己也一筹莫展,这时候您就一直鼓励孩子:'老师相信你一定能行!'一天晚上我去接孩子放学,看到他一扫脸上的阴霾,并兴奋地告诉我:'妈妈,老师说我能行,我也认为我能行。'老师的鼓励,让孩子变得自信起来,学习也变得自律起来。老师鼓励学生,使学生增强了自信心,让学生找到了前行的动力,将以往家长督促式学习变成了自律式学习。"这是一位家长给我写的一封信。

作为班主任,我特别关注学习有困难的学生,尽力帮助他们。所以不管入校时班级总体成绩如何不尽如人意,经过一段时间的共同努力,我总会让班级总体成绩发生巨大变化。最值得欣慰的是,学生们都有着积极进取的健康心理,而且,成绩在同年级中名列前茅。很多人惊讶地发现,我们班级没有后进生,学生们都处于齐头并进的状态,这源于我一直坚持运用的"木桶效应"。

"木桶效应"是由美国管理学家彼得提出的,它是指一只木桶想盛满水,必须每块木板都一样平齐且无破损,如果这只木桶沿口不齐,它能够盛多少水,关键不在于木桶上那块最长的木板,而在于最短的那块木板,它才是决定容量的关键。这个效应在教育教学中,经常被用来强调重视薄弱环节,注重学生的全面发展。

我们还可以看出,一只木桶储水量的多少也取决于木板之间的配合度,也就是是否存在缝隙。在班级里,每个学生都是一块木板,而且每块木板都会有自己的长处和短处,也就是说班级中的每个学生都要包容别人的不足,发挥自己的优势,相互协助,密切配合,只有这样才会缩小相互配合的缝隙,使得班级达到最优状态。

林格说过:"我们教育者唯一要做的是捍卫学生的主动性,在解放学生的过程中解放教师。"在班级管理过程中只要教师充分相信学生,高度尊重学生,全面依靠学生,把班级管理的舞台还给学生,那么学生就一定会给我们无限的精彩。

四、鲇鱼效应

所谓"鲇鱼效应",是指在平静的环境中引入竞争元素,激发原有群体的竞争活力,从而促使成员不断进步和提升。我们在班级中引入竞争,形成你追我赶的良好局面,使学生的各方面都得到极大提高。

(1)树立信心,引导学生战胜自我。学生要想参与竞争,前提条件就是要树立信心。通过鲇鱼效应,鼓励学生互相学习、共同进步,见证彼此的成长和突破,进一步增强战胜自我、参与竞争的信心和勇气。

(2)充分挖掘学生潜能。"鲇鱼效应"的运用,旨在营造一种活跃而又充满竞争的学习氛围,使学生在相互竞争中充分挖掘自身潜能,从而实现自我超越和全面发展。

（3）利用好班级的"鲶鱼"。称得上"鲶鱼"的学生,他们的学习成绩可能不突出,但非常活跃,能量场强,在学生中有着非常大的影响力和号召力,从某种程度上说,他们影响着班级的纪律和学习情况。教师要利用好这部分学生,充分发挥他们的作用,使班级的学习生活充满激情。

总之,真正实现班级的有效治理与和谐发展,关键在于以上七个方面的构建与运用。这七个方面相辅相成,是我在班级管理道路上不断探索、坚守和传承的宝贵经验。

第三章　立德树人篇

党的十八大以来,国家高度重视立德树人在教育中的重要地位和作用,强调立德树人是教育的根本任务。作为教授道德与法治课的班主任,我坚持落实立德树人这一根本任务。

品德修养是人们在日常生活中修炼出来的一种良好的道德规范,它表现在人们的一举一动之中。好的品德修养不是一朝一夕形成的,它来自日积月累和滴水穿石的恒心。初中生正处于品德修养的关键时期,他们要形成正确的信念和价值观,这就需要教师的正确引导。因此,我着重从以下几点帮助初中生形成良好的品德修养。

第一节　培养学生的优秀品质

一、明礼

初中生正处于成长、发展的重要阶段,正值行为习惯养成的关键时期。要想养成良好的行为习惯,需要从日常生活、学习中的细节做起,这就需要懂规矩——明礼。子曰:"恭而无礼则劳,慎而无礼则葸,勇而无礼则乱,直而无礼则绞。"(《论法》)"恭""慎""勇""直"等不是孤立存在的,必须以"礼"作为指导。"礼"是处理各种事务的规则、准则,也是个人为人处世的重要尺度。礼作为一种社会公德,不仅可以调整人与人之间的关系,还是一个人道德修养的外在表现。礼仪修养是一个人的第一张名片。

班主任可以通过多种方法,帮助初中生在关键的成长阶段养成良好的行为习惯,理解和掌握"礼"的实质内涵,使他们在人生舞台上展现出良好的修养,为个人成长和社会交往奠定坚实的基础。

作为班主任,培养初中生明礼的策略方法可以从以下几方面实施。

（一）融入日常，规范行为

在日常生活中，通过规范学生的作息时间、排队就餐、礼貌待人等细微行为，让学生在日常点滴中体验和实践礼的内涵。在集体活动、课堂互动、校园生活中，严格执行各项礼仪规范，如认真倾听他人发言等，使学生在具体情境中明礼的应用。

（二）课程渗透，传承美德

在德育课、国学课等课程中，深入解读孔子关于"恭""慎""勇""直"与"礼"的关系，让学生认识到礼对于品格塑造的重要性。定期开展以"明礼"为主题的班会活动，通过讲故事、角色扮演、案例分析等方式，使学生深刻理解礼的实质。

（三）情景模拟，实战演练

设计各类生活、社交情景，让学生在模拟实践中学习和应用礼仪，如参加宴会等，增强学生的实际操作能力和应对能力。通过角色扮演，让学生体会不同角色在遵循礼仪规则时的表现，从而懂得在不同场合如何恰当地展示自己的修养。

（四）榜样示范，环境熏陶

班主任作为学生的榜样，应率先垂范，做到言传身教，以实际行动展示礼的力量。营造浓厚的明礼班级文化氛围，如张贴礼仪标语、举办礼仪知识竞赛等，让学生时刻处在礼仪教育的环境中。

（五）家校共育，共同督导

与家长保持密切沟通，通过家长会、家校共建活动等途径，引导家长在家庭教育中重视礼仪教育，形成家校共育的良好局面。建立礼仪评价体系，定期对学生的礼仪表现进行评价和反馈，设立"明礼之星"等称号，激励学生在礼仪修炼中不断进步。

二、诚信

常言道："人无信则不立。"墨子也曾说："言不信者，行不果。"诚信是做人的根本，是人类道德伦理的基石，是自我与他人建立起真诚关系的桥梁。它不仅包含对事实的真实陈述，还要求言行保持一致，不虚伪、不欺骗。诚信是源于个体内在的自律和对他人的尊重。在日常生活中,诚信不仅体现一个人的品格与道德准则,更能够影响人际关系、个人成长和社会和谐。诚信对初中生的个人成长至关重要。

【案例故事】

小郑是一个沉稳且颇有书卷气的男孩,接班之初便因其前任班主任对他的高度评价而给我留下了深刻印象。我迅速熟悉了班级情况,并让小郑担任重要职责。尽管他的表现一贯平稳有序,但作为班主任,我总能察觉到他内心潜藏的一丝不安。一次考试,我的这种感觉得到了印证。当时,小郑位于考场第二排,我担任监考老师。在考生们专心答题之际,我发现小郑异常地从邻座拿了几张白纸,并刻意瞥了我一眼。这一举动引起了我的警觉。此时小郑显得格外紧张,频繁注意我的行动。我发现他的草稿纸上竟有一页写满了字迹,显然是违规携带的作文草稿。想到考试前我曾郑重强调诚信应考和遵守纪律的重要性,对此情景我深感痛心与失望。

为不影响其他考生和小郑的答题情绪,我采取了微妙的方式提醒他——走到他身边,无声传达出警示之意。小郑似乎明白了我的意图,随后安静下来专注于答题直至考试结束。午休时分,我找到一个合适的时机与他进行了深入交谈,既指出了他的错误行为,也稳定了他的情绪,确保他能正确对待此次事件。自此之后,小郑再未出现过类似问题。在毕业留言中,他感激地写道:"感谢老师在我犯错时及时提醒。"

分数可以停留在59分,但人生的考场绝不允许不及格。学校考试衡量的是知识掌握程度,关乎升学;而人生的考场则检验的是个人品质,它决定了一个人未来人生的发展方向。诚信是人格的明灯,是构筑人生态度和价值观念的基石,是一个人立身处世的根本。因此,我们必须坚守诚信,不因短暂的利益诱惑而做出违背道德的选择,更不能用虚假来掩盖自身的不足。唯有如此,我们才能成为真正有内涵、有价值的人。作为班主任,要引导学生做一个有诚信的人。

为减轻学生对成绩过度焦虑的情绪,并着重培育学生的优良品德,我针对不同类型的考试制定了适宜的规则。

(1)对于语文背诵、默写和英语单词等课堂即时考核项目,允许学生在确实未能掌握的情况下举手向老师示意,申请练会后再进行补考。

(2)针对单元总结性的测试,采取不公开具体分数的方式以缓解学生的紧张情绪,试卷下发后重点聚焦在错题原因分析及如何改正错误方面。

(3)关于作业管理:对于未完成作业的学生,坚持不轻易批评或惩罚,但要求其提供合理解释,并在规定时间内独立完成作业。得益于这一策略,多年来班级内抄作业的现象几乎绝迹,未完成作业的情况也极为罕见。每当有人问起:"你们班级为何没有相互抄袭作业的现象?"我想答案或许在于学生们更加珍视并维护自己的诚信品质吧。

三、自信

拿破仑·希尔说:"自信,是人类运用和驾驭宇宙无穷大智的唯一管道,是所有'奇迹'的根基,是所有科学法则无法分析的玄妙神迹的发源地。"研究显示,当人充满自信时,其潜能发挥程度能够超过自身基础能力的500%,而缺乏自信者往往只能发挥出不足30%的能力。人之所以能成就事业,关键在于他们相信自己具有这样的能力。

【案例故事】

1998年秋季学期,我接手了一个班级的教学与管理工作,该班在上学期期末考试中的平均成绩落后于其他班十几分,并且班级弥漫着自卑、消沉的气息。我没有选择责问学生,而是设计了一项特别作业,写一篇作文《珍贵的宝藏——自信》,要求每个学生至少列举自己的一个或两个优点及优势,以证明自己拥有自信的理由而非自卑的借口。时光荏苒,至今我还清晰地记得其中几篇出色的作文。其中一篇出自一位自认为智力平平的学生笔下,她把自己比喻为一只不起眼的"丑小鸭"。然而,她的闪光点正是那份坚定的自信:她坚信只要坚持不懈、永不言弃,成功就在不远处等待她。果不其然,在三年后,她凭借自信的力量实现了自己的目标,此后一直保持着优秀的状态。这就是自信所蕴含的巨大能量。

自信作为非智力因素的关键元素,对学生的全面发展起着至关重要的作用。它能有效激发人的意志力,充分发挥智力潜能,并对实现人生价值有着深远的影响。初中生正处于青春发育期,他们的价值观和世界观尚在形成阶段。在这个时期,他们不仅要应对生理上的剧变,还要承受升学压力的考验。一旦遭遇挫折处理不当,极易陷入自信危机,进而影响健康与成长。而自信的初中生则更乐于积极参与各类活动,能与周围人和谐相处;即便置身陌生的新环境,他们也会有较强的安

▲全感,能迅速自我调整以适应新的环境。

培养初中生的自信是一项系统性的工作,需要教师、家长和社会的共同努力。以下是一些具体的策略。

(一)鼓励与肯定

教师要经常对学生的努力和进步给予正面反馈与赞扬,尤其要关注他们在学习过程中的点滴进步,让其意识到自身价值和能力。

(二)设立合理目标

教师要引导学生根据自己的实际情况设定短期和长期的学习目标,并帮助他们分解成可操作的小目标,逐步实现,从而积累成功的经验,提升自信心。

(三)参与决策

在班级活动中,教师要让学生参与到一些决策过程中,比如课程活动策划、班委选举等,增强他们的责任感和自我效能感。

(四)提供挑战机会

教师要鼓励学生尝试新的事物,挑战自我,如参加各类比赛、社团活动或公开演讲等,通过克服困难,实现自我突破,提高自信心。

(五)挫折教育

教师要教育学生正视失败,理解失败是成功的一部分,学会从失败中吸取教训,调整心态,培养坚韧不拔的精神。

(六)心理辅导

教师要定期进行心理健康教育,开展自信训练课程,帮助学生认识自我,了解自己的优点和潜力,树立正确的自我认知观。

(七)家校合作

家长与学校共同营造良好的氛围,以信任和支持的态度对待学生,避免过度保护或过高标准的压力,使学生在安全温暖的环境中建立自信。

（八）榜样示范

教师要为学生展示各种成功案例,让他们看到不同领域的普通人通过努力也能取得成就,激励他们相信自己同样有能力达成目标。

（九）同伴互助

教师要组织小组学习、团队合作等活动,让学生在相互支持、协作的过程中发现自己的长处,同时学会欣赏他人的优点,共同成长。

四、友善

【案例故事】

小张同学性格比较急躁,遇事若不合己意,常表现出对他人的"攻击性",这使得他与同学之间的关系不是十分融洽。为了帮助小张改善人际关系,学会与他人和谐共处,我决定利用放学前的讲故事时段,借助故事的力量,使全体学生认识与人友善品质的重要性。在讲述中,我引用了《孟子》中的"爱人者,人恒爱之"这句话,来说明与人友善的重要性。

培养初中生的友善品质,我从以下几个方面进行引导和实践。

（一）微笑传递温暖

鼓励学生以微笑作为表达友善的第一步。真诚的笑容是人际交往中简单而强大的工具,它能够迅速拉近人与人之间的距离,传达出对他人的友善,会使周围的人在与己相处时感到很轻松。

（二）关注他人情感需求

引导学生要关注身边同学的感受和需求,通过倾听故事、关心同学的情感变化以及生活中的琐事,从而达到能够关注他人的情感需求。

（三）尊重他人

培养学生学会尊重他人。在与他人交流中,要避免轻视别人的想法和观点,注意自己的言行举止不要冒犯他人,更不能恶意攻击或随意批评。

（四）积极践行助人为乐

倡导学生在他人遇到困难时主动提供帮助。在助人为乐的过程中，被助者会感受到助人者的友善，会增进同学之间的友谊，同时也会使学生在给予和接受帮助的过程中体验到快乐。

（五）学会赞扬与感谢

引导学生学会赞扬与感谢。当看到同学的努力和成就时，应当予以肯定和赞赏；在接受他人帮助后，要及时表达感谢。这样不仅体现了自身的谦逊有礼，也是对他人付出的一种肯定和尊重，有助于营造和谐、友善的班级氛围。

五、自律

培养学生的自律意识。自律，作为个人成长的重要素质，对于学生的发展具有深远的影响。班主任作为学生成长过程中的重要引导者，肩负着培养学生自律意识的重要责任。

培养学生的自律，我主要从以下几方面入手。

（一）明确自律的重要性

自律不仅是个体在学习、工作和生活中取得成功的关键，更是塑造良好品德和形成健康人格的基础。班主任应该通过主题班会、晨会等形式，向学生阐述自律的重要性，使学生认识到自律的重要性。

（二）以身作则，树立自律榜样

班主任的言行举止对学生具有很大的影响力，因此班主任应该严格遵守学校的规章制度，只有这样才能严格要求学生，做到言行一致。班主任通过自身的实际行动，为学生树立一个自律的榜样，使学生在潜移默化中受到影响。

（三）加强学生自我管理教育

自我管理是自律的具体表现。班主任应该指导学生如何合理安排时间、如何制订学习计划、如何调整学习状态等，使学生在日常学习和生活中逐渐养成自我管理的习惯。

（四）建立有效的激励机制和评价体系

激励和评价是引导学生自律的重要手段。班主任应该根据学生的实际情况和个性特点,建立多元化的激励机制和评价体系,使学生在实现目标的过程中得到及时的反馈和认可。同时,班主任还要关注学生的成长过程,关注学生的进步和变化,及时给予鼓励和表扬,增强学生自律的动力和信心。

六、合作与竞争

【案例故事】

在2022年我所带的班级中,大部分男生普遍表现出学习动力不足的问题,多数男生安于现状,缺乏进取心和学习的动力,这种状况使得整个班级学习氛围显得沉闷和缺乏活力。为了激活男生们的学习积极性,我决定采用自由组合的方式,让他们根据个人意愿结成两三人一组的小团队,并通过小组间的良性竞争来激发他们的学习动力。实践证明,这一措施取得了明显的成效。每个男生都积极参与其中,甚至连那些平时较为消极的男生也开始展现出昂扬的斗志。经过一段时间的实施后,不仅男生的学习状态有了显著提升,女生也受此影响而更加努力学习。整个班级的整体面貌和学习氛围焕然一新,呈现出积极向上、团结协作的良好态势。

合作使学生个体变得强大,竞争力提高,从而使学生更加努力。班集体建设的重要内容之一是培养学生间的合作意识。对学生来说,合作的前提在于各自拥有自主性,合作的目的在于共同解决问题,包括学习、生活等方面的问题。但强调合作,并非排斥竞争。个体间的竞争是一种客观存在。由于这种竞争是自然的、合理的、必要的,所以,班主任要想方设法在班级营造出一种良性竞争的氛围,如此才能更好地激发学生学习的动力。

培养学生合作与竞争的意识,我主要从以下几方面入手。

（一）小组合作学习

通过组织团队活动、课堂讨论等方式,让学生在共同完成任务的过程中学会相互协作,明确各自分工,体验到合作的重要性。同时,每个小组之间可以设立一些良性竞争机制,如优秀团队评选、成果展示竞赛等,激发学生的积极性和创新性。

（二）角色扮演及模拟活动

开展各类角色扮演、辩论赛等活动，让学生在实际情境中既学会与同伴有效合作，又能体验到公平竞争的快乐，提高他们的沟通协调能力和抗压能力。

（三）设置多元评价体系

在评价学生表现时，不仅关注个人成绩，也要考虑其在团队中的贡献度、协作精神以及面对竞争的态度。例如，采用过程评价与结果评价相结合的方式，鼓励学生在追求个人进步的同时，积极协助他人成长。

（四）引导正确竞争观

强调竞争的目的在于提升自我而非贬低他人。教师要使学生理解"双赢"和"共生"的理念，尊重对手，学会欣赏他人的优点，树立健康的竞争心态。

（五）团队比赛

定期组织各类学科知识竞赛、体育比赛、文艺表演等集体活动，让学生在实践中锻炼合作技巧，并通过竞技平台培养他们勇于挑战、敢于竞争的品质。

（六）同伴互评与互帮互助

建立同伴互评机制。教师要鼓励学生互相指导、帮助解决问题，在互动过程中增强他们的合作意识，同时也通过比较和竞争促进彼此的进步。

七、学会宽容

宽容是一种良好的心理品质，也是一个人有修养的表现。学会宽容，既有利于个人成长，也能惠及他人，体现了一种大爱情怀。始终以宽容待人，我们的生活将充满和谐与美好。宽容能让我们摆脱内心的束缚，使每日生活更加自由、阳光，内心更加开阔，生活愈发轻松愉快。

使学生学会宽容，我主要从以下几方面着手。

（一）课堂教育与德育渗透

在课堂教学中，结合教材内容，讲述关于宽容的故事、例子，并让学生们进行讨论,使学生知晓宽容的重要性。

(二)情境模拟与角色扮演

通过组织情景剧、角色扮演等活动,让学生在实践中体验到宽容的力量。例如,设计冲突解决的情境,让同学们扮演不同角色,在解决问题的过程中学会换位思考,体会并实践宽容待人。

(三)小组合作与团队活动

鼓励学生参加各种团队合作活动,让他们在合作过程中学会接纳不同的观点、尊重他人,培养团队协作精神与包容心态。

(四)案例分析与反思

定期分享有关宽容或不宽容导致不同结果的真实案例,让学生进行分析与自我反思,从中汲取经验和教训,提升他们的宽容意识。

(五)家长配合与家校共育

与家长保持密切沟通,共同培养孩子的宽容品质。家庭是孩子成长的重要环境,家长应以身作则,展示宽容的言行,并在家庭教育中注重对孩子宽容品质的培养。

(六)班级文化与氛围营造

创建一个积极向上、和谐友爱的班级文化,鼓励同学之间相互尊重、理解和包容,形成以宽容为美的班级风气。

(七)心理辅导与情感教育

针对学生的个性特点和情绪变化,适时开展心理健康教育和情感辅导,帮助他们调整心态,学习处理人际关系中的矛盾冲突,学会用宽容的态度对待他人。

八、学会面对挫折

进入初三,许多学生都会感受到较大的压力,但相比之下,我所带班级的学生却没有出现这种情况。有的学生问我:"老师,为什么我们班的学生感受不到很大的压力,每天都那么开心呢？我看到其他班的学生都很焦虑。"这是因为我在接班之初,就培养他们积极面对挫折的心态,使他们在面对生活与学习中的种种压力和困难时能够持有正确的态度,从而保持良好的心理状态和乐观的精神面貌。

明朝哲学家王阳明曾说:"人间道场,淤泥生莲,世间磨难,皆是砥砺切磋我也。"在成长过程中,每个人都不可避免地会遭遇挫折,如学业挫折、人际交往挫折、亲子沟通挫折、自我实现挫折等。由于身心发展水平的限制,青少年心理承受能力相对较弱,即使在成人看来很微小的一次挫折,对他们的打击可能会很大。作为一名教师,面对青春期的中学生,关注学生健康成长、培养学生正确面对挫折的态度是不可推卸的责任。因此,在日常工作中,我想了很多办法来帮助学生拥有良好的意志品质和积极的人生观,使他们勇敢面对挫折和困境,提升他们应对挫折的良好心态。

(一)积极引导应对挫折

首先,让学生知道什么是挫折,学习、生活中常会遇到哪些挫折,如何应对这些挫折等内容,从而使学生懂得,每个人都会遇到挫折,遭遇挫折并不可怕,关键是如何应对。其次,当遇到挫折时,要学会控制自己的负面情绪,不要逃避、惧怕,而要坦然面对,用科学的方法来解决,相信自己一定能战胜挫折。

(二)巧用积极归因,重拾学生信心

不同的归因倾向会给学生带来不同的情绪反应和期待改变。对学生所遭受的挫折进行积极归因,可以帮助学生调动积极情绪,重拾信心。如果学生在人际交往、学业挫败、家庭变故等方面遇到的挫折长期存在消极归因,势必会自暴自弃,在潜移默化中强化甚至固化自卑情绪,影响今后的成长发展。面对遭受挫折的学生,教师要给予充分的理解和帮助,巧用积极归因进行引导。

九、换位思考

【案例故事】

"老师,小博今天又没有做值日,他已经三天没有做值日了。"卫生委员小杨不满地对我说。提到小博,不由得让我想起这个个子不高但很有想法的男孩。第二天我将小博叫到了办公室。

"老师,找我有事吗？"

"对呀，你今天应该做的事情都做了吗?"

"该做的都做了。"

"真的吗? 这周你是值日生,值日生该做的你都做了吗?"

"没有。"

"那你为什么不做值日?"

"因为我不能早起,所以就不能早到校做值日。"

"你不能早起,不能做值日,那你有没有想过,你的值日任务就需要别人替你完成?"

小博愣了一下,又摇了摇头。

"你换位想一下,其他同学都和你一样,那谁来做值日? 班级是大家的,每个人都要尽自己的那份责任,你说对吗?"

小博默默点点头,之后再没有逃避过做值日。

懂得换位思考,是一个人最高的修养。我们要学会换位思考,只有学会换位思考,才能够更好地理解别人、体谅别人,也就可以与别人更好地相处。做人,要学会换位思考,理解别人就是尊重自己。当在细微之处不动声色地体谅他人,设身处地地为他人着想,善待他人的时候,我们也会得到别人的善待和关爱。学会换位思考,会让我们的生活更加美好。

使学生学会换位思考,我主要从以下几方面入手。

(一)情景模拟教学

通过设计一系列贴近生活的情景案例,让学生扮演不同角色进行模拟活动,使他们站在他人的立场上去体验、去思考问题,从而学会理解他人的感受和需求。

(二)故事引导与讨论

选取具有教育意义的故事,如古今中外的道德寓言、现实生活中的新闻事件等,让学生分析故事中人物的行为和心理,并鼓励他们从多角度出发,设想自己处于那个情境会如何决策,从而培养他们的同理心和换位思考能力。

(三)团队合作活动

组织小组作业或团队活动,要求学生共同协作完成任务。在这个过程中,每个

▲ 学生需倾听并尊重其他同学的观点,协商解决问题,这有助于他们在实践中体会和学习换位思考。

(四)开展心理健康教育

开设心理健康课程,教授情绪识别、人际沟通技巧等知识,帮助学生认识自己的情绪,同时也能更好地理解和接纳他人的情绪,提高他们的情绪智商和人际交往能力。

(五)家庭互动实践

鼓励家长在家庭教育中注重培养孩子的换位思考意识,比如在解决家庭矛盾时让孩子试着从父母或其他家庭成员的角度看问题,亲身经历和实践才能更好地将换位思考内化为个人素养。

(六)正面激励与反馈

当学生展现出换位思考的行为时,教师应及时给予肯定和表扬,让他们感受到这种思维方式的价值和益处,进而养成习惯。

(七)定期开展反思性写作

布置一些以"如果我是他"为主题的作文或者日记,让学生从不同角度分析某件事情,从而锻炼其换位思考的能力。

十、家国情怀

【案例故事】

在一次道德与法治课上,我说:"曾有学者对树的生态价值进行过计算:一棵50年树龄的树,产生氧气的价值约为31 300美元,吸收有毒气体,防止大气污染的价值约为62 500美元,增加土壤肥力的价值约为31 200美元,总计约125 000美元的价值;而同样一棵大树,如果加工成一次性方便筷子的价值仅仅约40元人民币。"价值差距之大,让学生们大吃一惊。看到学生们的表情,我顺势倡议拒绝使用一次性筷子,为节约资源贡献自己的力量。于是,午餐提供的一次性筷子,全班同学竟然不约而同地拒绝了。原来他们为了响应号召,每人从家里带来了一套餐具,这样就减少了使用一次性筷子。更让我感动的是,学生们不仅以身作则,还倡议其他班级学生也加入进来。一学期下来,学生们节约了近 20 000 双一次性筷子,连送餐的员工都夸赞这些学生们。这真是小行动、大数据,小倡议、大情怀。

作为教授道德与法治课的班主任,我经常对学生们进行爱党、爱国教育,使学生们具有家国情怀。建党一百周年的"七一"前夕,我和学生们一起整理了建党以来革命先辈为建立中华人民共和国抛头颅、洒热血的事迹;整理了建党以来,特别是改革开放以来,我国取得的令人瞩目的成就。"七一"当天,学生们认真观看了庆"七一"建党一百周年活动。从直播开始到结束,学生们都全神贯注地观看,当听到群情激昂地大声呼喊"请党放心,强国有我"的那一刻,我的眼睛湿润了。这之后我又给学生们讲述了建党历史,使他们感受红船精神,明确党的初心和使命,还特别和学生们一起回顾了党百年奋斗的光辉历程,使他们深刻认识到党为国家和民族做出的伟大贡献。这次抓住建党百年契机的时政教育,让我感受到了教育的高度——教育不能局限于教学生知识,教学生做人,还需要站在学生终身发展的高度,培养学生的爱党、爱国情怀,关注学生的人格发展,让学生在接受文化知识教育的同时接受爱国教育。

人之立身,以德为本;国之兴盛,道德为基。高尚的品德如同一座无形的桥梁,不断维系和调适着个体与群体之间的和谐关系。青少年学生作为国家未来的栋梁之材,其品德修养的塑造不仅关乎个人命运,更关系到国家、民族的长远发展。因此,我们应当深刻认识到加强青少年学生的品德教育是构筑美好未来不可或缺的关键环节,旨在点燃他们内心的理想之火,提升他们对社会责任和历史使命的高度认知与执着追求,从而帮助他们在实践中形成正确的人生观、价值观以及世界观。这一过程不仅是对他们人格品质的锤炼与提升,更是对国家未来发展基石的稳固与强化。

第二节 在道德与法治课中落实立德树人

由于兼任班主任和道德与法治课的任课教师,我非常注重学生的品德修养,尤其是在道德与法治课的教授过程中,认真落实立德树人这一根本任务。

一、我对《道德与法治课程标准》和道德与法治课的新认识

对于2022年颁布的《道德与法治课程标准》，我深感其对教育教学理念和实践方法的创新性引领，也对我长期以来坚守的教育初心赋予了新的时代内涵。

（一）《道德与法治课程标准》强化了立德树人的根本任务

在新的标准中，明确要求将培养学生的社会主义核心价值观、法治意识、公民道德品质等作为首要目标，这既是对我国教育方针的具体化，也是对道德与法治课程功能定位的重新审视。这意味着在教学过程中，教师不仅要关注学生知识体系的构建，更要注重他们品格的塑造和价值观念的养成，力求实现知识传授与德育并重、知行合一的教学效果。

（二）《道德与法治课程标准》倡导生活化、活动化的教学方式

新标准强调课程内容要贴近学生生活实际，鼓励通过案例分析、情景模拟、社会实践等多种形式开展教学活动，使学生在体验中学习，在参与中感悟，在实践中成长。这一变化更加注重引导学生主动探究、自主建构知识体系，并在真实的生活情境中运用所学，提升解决实际问题的能力。

（三）《道德与法治课程标准》重视培养学生的批判性思维和创新能力

新标准鼓励在道德与法治的教学过程中培养学生独立思考的能力，敢于质疑，勇于探索，善于从不同角度审视社会现象，形成正确的价值判断。这需要教师在教学中不断更新教学策略，创设开放性的讨论环境，激发学生的好奇心和求知欲，培育他们的创新精神和社会责任感。

总之，《道德与法治课程标准》是对传统教育教学理念和方法的一次深刻变革，旨在通过更新教学内容、更改教学方法和优化评价体系，进一步强化道德与法治教育的实效性，更好地服务于学生的品格塑造和社会责任感的培养。

二、落实立德树人的方法策略

在实际的教育教学过程中，我通过以下几方面来实现立德树人这一根本任务。

（一）融入核心价值观教育

每一堂道德与法治课,我都会结合具体教学内容,适时、适地、适度地引入社会主义核心价值观。比如,在讲解公民权利与义务时,我会引导学生理解并认同"爱国、敬业、诚信、友善"等道德规范,并通过实例分析让学生明白这些道德规范在现实生活中的体现和应用。

（二）生活化、活动化的教学实践

我会设计丰富多样的实践活动,如组织模拟法庭、角色扮演、案例讨论等活动,让学生在亲身参与中体验法律精神和社会道德规范。同时,我还会安排学生参加社区服务、公益劳动等社会实践活动,让他们在实践中领悟道德与法治的重要性。

（三）培养批判性思维和创新能力

我会鼓励学生对各种事件或现象提出疑问,然后开展课堂辩论或小组研讨,训练他们的逻辑推理能力和独立思考能力。例如,在探讨热点法治事件时,不仅引导学生了解事实本身,更要求他们从不同角度深入剖析,形成自己的观点和判断。

（四）家校共育与评价机制创新

我通过建立有效的家校沟通机制,让家长参与到学生的德育过程中,共同制订家庭德育计划,形成合力。此外,我还尝试运用多元化的评价方式,除了常规的考试成绩外,还注重对学生日常行为表现、团队合作能力、社会责任感等方面的综合评价,以激励学生全面发展。

（五）持续自我提升与反思

我会定期参加各类教育培训和学术研讨活动,及时更新教育理念和方法,结合自己多年的教学经验,不断调整优化教学策略,确保课堂教学始终紧跟时代步伐,切实有效地落实立德树人的根本任务。

三、教学设计案例

道德与法治课教学设计案例,见表1。

表1　道德与法治课教学设计案例

授课题目	延续文化血脉
教师姓名	讷文莉
学校名称	大连市第三十七中学
使用教材版本	部编版九年级上册
教材章节出处	第三单元第五课第一目题

一、教学设计概述

(一)指导思想说明

1.学科课程标准

课程标准指出要构建以培育道德与法治学科核心素养为主导的活动型课程,实现"课程内容活动化""活动内容课程化"。"了解中华传统文化和中华传统美德,理解个人成长与民族文化和国家命运之间的联系,具有文化认同感、民族自豪感,弘扬中华优秀传统文化,践行社会主义核心价值观。"传承和践行中华传统美德。

2.学科指导思想

《中共中央关于党的百年奋斗重大成就和历史经验的决议》指出:"文化自信是更基础、更广泛、更深厚的自信,是一个国家、一个民族发展中最基本、最深沉、最持久的力量。"陈晓明在《更好构筑中国精神中国价值中国力量》中指出:"培育和践行社会主义核心价值观,不断增强意识形态领域主导权、话语权,推动中华优秀传统文化创造性转化、创新性发展,继承革命文化,发展社会主义先进文化,不忘本来,吸收外来,面向未来,更好构筑中国精神、中国价值、中国力量,为人民提供精神指引。"从弘扬中华优秀传统文化的角度来看,要将中华优秀传统文化全方位融入思想道德教育、文化知识教育、社会实践教育的各个环节,在相关学科和课程中增加中华优秀传统文化的内容,传承和践行中华传统美德,让生活变得更加美好

(二)教学内容分析

1.地位

《延续文化血脉》是部编版《道德与法治》九年级上册第三单元《文明与家园》第五课的内容,主要涵盖了"中华文化根"和"美德万年长"两个部分。在"中华文化根"部分,教材详细介绍了中华文化的源远流长及其丰富的内容,强调了中国特色社会主义文化是对中华文化的延续和发展。我们应当坚定文化自信,对中华文化有更深入的理解和认同。"美德万年长"则讲述了美德是建设社会主义现代化强国的精神力量

表1(续1)

教材从中华文化和中华传统美德之间的关系入手,阐释了中华传统美德的重要价值和丰富内涵。教师通过引导学生的一言一行,使学生在日常生活中践行这些美德,使美德成为学生们行为的准则。

2. 素养价值

通过加强学生对中华优秀传统文化的理解,深化他们对中华优秀传统文化的认同,激发他们积极传承和弘扬中华优秀传统文化的责任感,从而增强他们内心的文化自信。

本节课探讨了中华优秀传统文化作为中华民族根基的地位,以及中华传统美德作为中华文化精髓的价值。课程内容从中华优秀传统文化的源远流长,到弘扬中华传统优秀文化的重要性和意义,再到实践中华传统美德的具体做法,为后续的"凝聚价值追求"一课奠定了坚实的基础

二、学情分析

九年级学生对中华优秀传统文化的掌握程度,在知识和技能层面有所积累,然而,他们对中华优秀传统文化的深层内涵和传统美德的核心价值理解不足。学生在面对中国特色社会主义文化时,往往难以把握其与传统文化的内在联系;对于"文化自信"的概念,他们虽有所耳闻,却未能深入理解其重要性和实践路径;虽然认识到传承文化的重要性,但对文化与国家和民族命运的紧密联系缺乏深刻认知。

因此,在本课的教学中,教师要引导学生辩证地看待中华传统文化,情感上认同其价值,并增强对文化的自信心和责任感;同时,让学生懂得美德的力量在于践行。

教学应侧重于以下两个方面。

(一)已知点

学生对中华优秀传统文化有广泛的认识,但对其作用的理解尚显表面。学生具备搜集、分析和归纳信息的能力,对文化创新充满热情,且文化表现力强。

(二)发展点

通过学习文化典籍,学生们能感悟文化的力量,理解文化典籍,增强文化认同,自觉地弘扬典籍文化,从而坚定文化自信,感受美德的力量,担负起少年应尽的职责

三、教学目标

(1)使学生了解中华优秀传统文化的悠久历史和博大精深,体会中华优秀传统文化的精髓,同时通过活动探究提高学生分析问题、解决问题的能力。

(2)使学生了解中华优秀传统文化对人类文明的贡献,为中华民族创造的文明感到自豪,坚定文化自信,认同与践行中华传统美德

表1(续2)

(3)使学生理解中华优秀传统文化的核心思想理念、人文精神和传统美德,弘扬民族精神并具有强烈的中华民族自豪感,学习理解社会主义先进文化和革命文化,坚定文化自信。

(4)使学生感受弘扬中华传统美德的重要性,并在生活中践行中华传统美德。

本节课通过阅读、自主探究、讨论和合作探究等多种学习方式,使学生积极参与,主动思考,真正成为学习的主人;使他们不仅在知识的海洋中遨游,更在实践中感悟道德与法治课的真谛,为未来的成长奠定坚实的基石

四、教学重点、难点

(一)教学重点
中国特色社会主义文化的内涵;中华文化的价值;践行中华传统美德。

(二)教学难点
增强文化认同,坚定文化自信。

(三)制定依据
九年级学生对中华优秀传统文化都有所了解,但是仅停留在表面,对其深层次的文化价值和意义认识与思考不多,对革命文化和社会主义先进文化理解不系统、不深入,淡漠了中华优秀传统文化的价值认同,不能坚定文化自信。因此,要使学生自觉弘扬社会主义先进文化,自觉践行中华传统美德,为中华优秀传统文化传承发展做出贡献

五、教学设计总体思路

本节课根据学生学段特点共设计了以下三个活动环节。

第一个环节:寻根——赏中华文化之美。九年级的学生具备一定的知识储备,通过语文、美术等学科的学习对中华优秀传统文化有一定的认知,因此,从学生的生活实际入手,将学生分为几个小组,在观看视频等材料之后,以小组为单位多角度介绍中华优秀传统文化,引导学生感受中华优秀传统文化的源远流长与博大精深,进而认识中华优秀传统文化的特点与内涵。

第二个环节:铸魂——立中华文化自信。在这个环节中,使学生感受中华优秀传统文化对中国革命和在建设中发挥的重要作用,引导学生自觉成为文化的传承者,完成文化的创新与发展。可利用多媒体播放特朗普外孙女用古诗拜年的视频,引导学生坚定文化信仰,将来成为弘扬经典文化的使者。

第三个环节:传承——扬中华传统美德

表 **1**(续 3)

六、教学过程

(一)教学流程设计

环节一:导入(聚焦文化经典)

教师活动	学生活动
利用多媒体设备展示成都大运会的会徽、吉祥物、火炬,并介绍其内涵和设计理念。 	学生找出设计中所蕴含的传统文化的元素,谈一下对大运会文化的认识,感受中华文化的源远流长和博大精深

设计意图:创设学习情境和氛围,调动学生的兴趣,促进学生思维拓展,激发学生的学习主动性。在这个过程中,教师引导学生积极思考,主动形成观点,为深入学习做好感性认识的铺垫

环节二:新授课程

教师活动	学生活动
寻根——赏中华文化之美 第一目　中华文化根 活动一:探究中华文化的形成、组成和特点。 (1)将学生分为若干小组。根据"民族传统节日知多少",各小组展开讨论,要求条理清晰。 (2)总结并分享。 我在草原参加那达慕大会;我在拉萨过望果节;盘王节	学生分小组讨论这些民族传统节日的由来,为什么这些传统节日能够流传至今? 中华文化是如何形成的? 展示过程中要声情并茂,融入情境,引人入胜

表 1(续 4)

教师活动	学生活动
思考一:你知道这些民族传统节日的由来吗? 提示如下。 "那达慕"是蒙古语的译音,意为"娱乐、游戏",表示丰收的喜悦之情。 望果节是西藏自治区传统民俗。"望"意为"田野";"果"意为"巡游";"望果"意为巡游田野,以祈祷神佛保佑能顺利收割、获得丰收。 盘王节是瑶族最隆重的传统节日,已逐步发展为庆祝丰收的联谊会,被列入中国国家级非物质文化遗产名录。 思考二:为什么这些民族传统节日能够传承至今? 思考三: 中华文化是如何形成的? 产生:各族人民相互团结,相互学习,用自己的勤劳和智慧共同开发了祖国的大好河山,创造了灿烂的中华文化。 思考四:举例说说中华民族上下五千年的文化成果? 欣赏《只此青绿》片段。 《只此青绿》牢牢把握了中华优秀传统文化的精髓。在舞蹈、音乐、文学和非物质文化遗产传承中探寻与提炼符合当代视角的审美精髓,是推动中华优秀传统文化创造性转化与创新性发展的一次有益尝试。 思考五:《只此青绿》体现了中华优秀传统文化的什么特点? 提示:中华优秀传统文化具有应对挑战、与时俱进的创造力。 思考六:《只此青绿》舞蹈中的大量留白,体现了中华文化什么特点	举例说说中华民族上下五千年的文化成果。 学生观看《只此青绿》视频,思考其中体现了中华优秀传统文化的什么特点? 舞蹈中的大量留白,体现了中华优秀传统文化的什么特点? 如何实现中华优秀传统文化的"破壁"与"出圈"

表1(续5)

教师活动	学生活动
中国艺术研究院舞蹈研究所副所长认为,《只此青绿》呈现了一种沉静、简约、克制又坚韧的美学,其中使用的大量留白也代表着中华文化的开阔与包容	

　　设计意图:通过组织活动,使学生领略中华优秀传统文化的深厚底蕴和无穷魅力。作品不仅能够展现中华优秀传统文化的悠久历史,还能够让学生感受到其中所蕴含的丰富情感和智慧。新时代的继承者,每个人都有责任和义务去传承与发扬中华优秀传统文化,使其成为连接过去与未来的桥梁,不断为中华民族的发展注入新的活力

铸魂——立中华文化自信 　　活动二:探究中国特色社会主义文化的内涵。 　　材料:暑假里,家住大连市的小明开展了一次"文化之旅"的研学活动。 　　第一站,他来到浙江省博物馆,了解了王羲之超迈旷达的艺术境界、沈括的科学理性、陆游"位卑未敢忘忧国"的济世情怀……他被中华优秀传统文化所折服。 　　第二站,他来到嘉兴南湖红船景点,了解了中国共产党第一次代表大会在南湖游船上胜利召开这一历史事件,感受到了激昂向上的革命文化。 　　第三站,他来到了温州市博物馆,深入了解了温州市在改革开放后的辉煌发展历程,实地感受了"求真务实、诚信和谐、开放图强"的浙江精神,进一步深化了对社会主义先进文化的认识。 　　思考一:小明在研学活动中领略到了哪几种文化? 　　思考二:三种文化之间有怎样的内在联系? 　　内在联系:三者之间相互影响,相互包容。中华优秀传统文化是中国道路形成与发展之根,革命文化是中国道路形成与发展之基,社会主义先进文化是中国道路形成与发展之魂	合作探究 　　思考小明在研学活动中领略到了哪几种文化? 　　小组进行互评,选举出探究结论最完美的一组答案。 　　三种文化的名称: 　　(1)中华优秀传统文化; 　　(2)革命文化; 　　(3)社会主义先进文化。 　　思考这三种文化之间存在怎样的内在联系

表1(续6)

教师活动	学生活动
设计意图:通过讨论,学生体会到中国特色社会主义文化源自于中华民族五千多年文明历史所孕育的中华优秀传统文化,熔铸于党领导人民在革命、建设、改革中创造的革命文化和社会主义先进文化,根植于中国特色社会主义伟大实践。 通过这样的教学方式,促使学生自觉成为文化传承者和享用者,从而增强他们的文化认同感	
活动三:展示资料——坚定文化自信 (1)特朗普外孙女在拜年时背诵古诗词。 (2)外国领导人在讲话过程中引用过的中国谚语及古诗词。 (3)其他国家庆祝中国传统节日的方式。 教师提问:为什么世界各国对中华传统文化的认同度这么高?我们作为中学生应该怎么做	探讨交流 在弘扬中华传统文化的过程中,初中生扮演着什么样的角色?初中生应如何积极承担相应的责任
设计意图:重塑学生对文化价值的信念,培养他们成为自信的文化传承者,为中华民族伟大复兴的梦想贡献力量。在这个过程中,学生不仅将深入学习中华优秀传统文化,还将探索如何将中华优秀传统文化转化为推动全球文化交流的内在动力。通过这样的学习,学生们将被激励,主动参与到丰富多样的文化交流活动中,成为传播中华文化的友好使者,展现中华文化的独特魅力和时代价值	
传承——扬中华传统美德 美德故事竞赛:我来出图,你来猜。 规则: (1)老师出示图片,学生猜成语。 (2)抢答的形式,最先站起来答对的小组加1分。答错不扣分。 (3)获胜的小组每人将获得文化色彩浓厚的精美书签一个	学生看图猜成语

表1(续7)

教师活动	学生活动
出示图片:有关尊老爱幼、勤俭持家、邻里团结、忠孝诚信、礼义廉耻等图片。 思考:为什么要弘扬中华传统美德? 结合图片,阅读课本 64 页探究与分享,思考:向榜样学习,传承美德,我们青少年该怎么做? 教师总结中华传统美德的特点、内涵和重要性	学生看图片,感受图片所表达的中华传统美德。 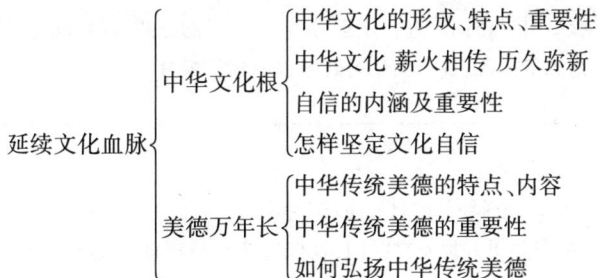 思考如何践行中华传统美德

设计意图:通过参与活动,使学生加深了解中华传统美德是中华文化的精髓,不仅蕴含着丰富的道德情感,更熔铸了中华民族坚定的民族志向、高尚的民族品格和远大的民族理想,从而激发学生成长为具有中华传统美德的人

(二)板书设计

延续文化血脉
- 中华文化根
  - 中华文化的形成、特点、重要性
  - 中华文化 薪火相传 历久弥新
  - 自信的内涵及重要性
  - 怎样坚定文化自信
- 美德万年长
  - 中华传统美德的特点、内容
  - 中华传统美德的重要性
  - 如何弘扬中华传统美德

表1(续8)

(三)课堂小结

在本课的学习中,学生们共同探讨了中华优秀传统文化的独特性、内涵及其重要价值,进而对中国特色社会主义文化有了深刻的理解。通过交流充满智慧和教益的中华美德故事,学生感受到了中华优秀传统文化中的道德力量。在日常生活和行为中,学生要不断传承、创新和发展中华文化,将中华传统美德转化为行动指南。这不仅是对个人品质的提升,更是对整个民族文化自信的坚定。我们要身体力行,成为中华文化的传承者和创新者,共同推动文化的繁荣发展,为中华民族伟大复兴的梦想贡献自己的力量

(四)作业设计

实践作业:将你喜欢的中华优秀传统文化推荐给身边的人,以照片或小视频的方式记录过程

七、教学总结与反思(建议300字左右)

(一)教学设计特色

1.彰显学科思想

教学设计致力于构建活动型的学科课程,旨在培养学生们的核心素养。紧扣课标精神,通过丰富多样的教学活动,让学生在实践中学习,体验中成长,培养他们的思维能力、创新能力以及解决问题的能力。

2.响应时代要求

在教学过程中,注重弘扬中华优秀传统文化,将中华优秀传统文化融入教学的各个环节。通过各项活动,引导学生了解、体验和传承中华优秀传统文化,弘扬传统美德,从而增强他们的文化自信,培养他们的民族情怀。

3.采用问题驱动,激发学生深入分析、充分交流,加大拓展思维的力度

课堂以学生为中心,采用问题驱动的教学方法,激发学生深入分析问题、充分交流想法。鼓励学生们提出问题,引导他们通过自主学习、合作学习的方式,找到问题的答案。在这个过程中,学生的思维得到了锻炼,他们的学习效果也得到了提升

(二)教学反思

(1)限于时间关系,个别环节没有完全展开。

在今后的教学中需要更好地安排时间,确保每个环节都能得到充分的展开,让每个学生都能在课堂上得到锻炼和提升

表 1(续 9)

(2)学生参与的广度大,但学生个体独立表达观点的机会略少。

今后需要在鼓励学生广泛参与的同时,也给予每个学生个体独立表达观点的机会。教师可以通过小组讨论、个人展示等方式,让学生们有机会独立思考、表达自己的观点。这样,既能提高学生们的思维能力,也能提升他们的表达能力

◬ 附：

文化自信视域下中国元素在初中道德与法治
教学中的运用研究

摘要　随着全球化的深入发展，文化自信成为国家软实力的重要组成部分。在初中的道德与法治教学中，如何将文化自信与教学实践相结合，成为教育界关注的热点问题。本文从文化自信的视角出发，探讨中国元素在初中道德与法治教学中的运用，以期为相关领域提供有益的参考。

关键词　文化自信视域；中国元素；初中道德与法治；教学运用

文化自信是国家和民族发展的重要基础，也是培养学生自尊自信的重要内容。在当前全球化背景下，国家和民族的文化自信显得尤为重要，而教育是培养文化自信的重要途径之一。道德与法治教育是培养学生良好行为习惯和法治意识的关键环节，而如何在道德与法治教学中注入中国元素，以增强学生对中国文化的自信，是一个需要研究和探索的问题。

一、文化自信和道德与法治教学的关系探析

（一）文化自信的概念和内涵

文化自信是一个民族、一个国家，以及一个政党对自身文化价值的充分肯定和积极践行，并对其文化的生命力持有的坚定信心，体现了对民族文化的自豪感和认同感，是民族精神与力量的集中体现。在教育领域，文化自信表现为教育工作者和学生对于本民族文化的尊重、传承与创新。

（二）道德与法治课程的重要性和现状

道德与法治是初中阶段的重要课程之一，旨在培养学生的道德观念和法治意识，帮助学生树立正确的世界观、人生观和价值观。然而，当前在该课程的教学中存在一些问题，如教学内容单一、教学方式枯燥等，影响教学效果。

（三）文化自信和道德与法治课程的关联性

文化自信和道德与法治课程具有密切的关联性。一方面,文化自信能够为道德与法治课程提供丰富的素材和资源,帮助学生更好地理解民族文化的内涵和价值;另一方面,道德与法治课程是传承和弘扬民族文化的重要途径,有助于培养学生的文化自信。

二、中国元素在道德与法治课程中的运用

（一）中国传统文化与道德教育的关系

在我国传统文化中,仁、义、礼、智、信被视为五常之道,其不仅仅是道德规范,更是对人的全面发展和人格完善的追求。"仁"意味着关爱和同情,它教导学生要去爱他人,要去理解、同情他人,以培养学生的人文关怀和社会责任感。"义"是指情义,它使学生明白何为正义、何为道德,使学生在面对各种情境时能做出正确的判断和选择。"礼"是社会的秩序和规范,是人与人之间的交往之道,其教导学生要尊重他人,对他人有礼貌。"智"是对知识的追求和对世界的理解,其鼓励学生去探索、去思考,去理解世界的本质和人生的意义,使学生能够更好地应对生活中的挑战和困难。"信"是一种对他人的诚信和对自己的坦诚,其教导学生要诚实守信,要有责任感和承诺意识,使学生成为一个有诚信的人。除五常之道,我国传统文化中还有许多家庭伦理观念,如孝敬父母、尊老爱幼等,在道德教育中占有重要地位。中国传统文化与道德教育紧密相连、相辅相成,传统文化中的美德和伦理观念不仅为道德教育提供丰富的素材,同时也为学生的个人成长与社会和谐发展提供有力的支撑。

（二）法治文化与法治教育的关系

我国法治文化,深邃而富有内涵,其源头可追溯至数千年前。在这漫长的岁月里,无数智者倾注心血,为后人留下了丰富的法治思想和制度。这些法治思想与制度,如同一颗颗璀璨的明珠,镶嵌在我国法治文化的长河中,熠熠生辉。以我国古代的法家思想为例,其对于现代法治建设具有深远的影响。法家主张"以法治国",强调法律的权威性和强制性,这对于当今的法治建设而言,无疑是一种宝贵的思想资源。在法治教育中,通过引导学生深入研究法家思想,不仅可以使其掌握我

国古代的法治内容,更能够帮助其深入理解现代法治的内涵和价值。这不仅可增强学生对法治的认同感,同时也有助于培养学生的民族自豪感。同时,也需要引导学生关注国际法治的最新发展,借鉴他国的先进经验,为我国的法治建设注入新的活力。法治文化与法治教育之间存在着密切的关系,通过深入研究法治文化,学生可为法治教育提供丰富的素材和灵感;而通过法治教育,学生也可进一步弘扬我国法治文化,推动其与时俱进。

(三)中国元素在道德与法治课程中的运用案例分析

在具体的教学实践中,可通过引入中国元素丰富教学内容。具体的教学步骤和实施细节如下。

1.教学步骤一,确定教学内容和目标

在具体的教学实践中,可通过引入中国元素丰富教学内容。例如,通过讲述传统民俗、传统节日等形式,将传统文化融入教学中;也可通过引入古代法律制度、法律思想等法治文化,帮助学生更好地理解法治的内涵和价值。

2.教学步骤二,收集和整理相关资料

教师布置作业,让学生通过多种途径,如网络、书籍、报纸、杂志等,收集与中国元素相关的资料并整理,以便在课堂上分享。

3.教学步骤三,教学方案设计

在教学方案的设计中,注重将中国元素与法治教育相结合。通过案例分析、小组讨论等形式,引导学生深入思考中国元素在法治教育中的价值和意义。同时,设置课堂互动环节,让学生在轻松愉快的氛围中学习。

4.教学步骤四,注重学生的参与度和互动性

在实施教学方案的过程中,注重学生的参与度和互动性。通过展示相关的中国元素资料,使学生掌握背景知识;通过小组讨论、案例分析等形式,引导学生深入思考中国元素在法治教育中的价值和意义;通过问答、游戏等形式,使学生主动参与进来,并在轻松愉快的氛围中学习。

以下是各教学步骤中的细节分析。

(1)课堂参与度:在小组讨论环节,有85%的学生积极参与讨论,并发表自己的观点和看法。在课堂互动环节,有90%的学生主动参与问答和游戏等活动。

(2)课堂氛围:通过观察和问卷调查,发现学生在课堂上的情绪状态良好,对课堂氛围感到满意的学生占比达到92%。

(3)教学效果:通过课后测试和问卷调查,发现学生对中国元素和法治教育的理解与掌握程度有所提高。其中,对"中国元素在法治教育中的价值和意义"这一知识点掌握较好的学生占比达到88%。

(4)学生反馈:在问卷调查中,有95%的学生表示对中国元素和法治教育的内容感兴趣,并认为这些内容能够开拓他们的知识视野。同时,也有学生提出一些改进意见和建议,如希望增加更多的实际案例分析、加强课堂互动等。

三、文化自信视域下中国元素运用的效果评估

(一)学生道德观念的转变程度评估

通过问卷调查、课堂观察等方式,评估学生在接受中国元素融入的道德与法治教学后,其道德观念的转变程度。具体可通过比较学生在道德认知、情感态度等方面在教学前后的变化进行评估。表2是学生道德观念的转变程度评估的数值,评估方式为问卷调查,评估对象为100名学生,评估时间为教学前后各一周。

表2 学生道德观念的转变程度评估表

评估指标	评估标准	教学前	教学中	教学后
道德认知	学生对中国传统文化的理解程度	50%	70%	85%
情感态度	学生对中国传统文化的喜爱和认同感	60%	75%	88%
行为表现	学生在日常生活中表现出的道德行为规范和修养程度	70%	80%	90%

说明:表格中的百分比数据代表接受调查的学生中符合该指标的学生所占比例。例如,"道德认知"列中的"50%",表示有50%的学生在教学前对中国传统文化的理解程度达到标准。

(二)学生法治意识的增强程度评估

通过问卷调查、课堂观察等方式,教师评估学生在接受中国元素融入的法治教育后,其法治意识的增强程度。具体可通过比较学生在法律认知、法律行为等方面在教学前后的变化进行评估。

1. 问卷调查

教师设计问卷,涵盖学生对法律的基本认知、对自身权利的理解、对法律与日常生活的关联等方面的内容。在教学前后分别进行问卷调查,以评估学生在这些方面的变化。

2. 课堂观察

教师观察学生在课堂上的参与度、对法治议题的讨论深度等,以评估学生对法治教育的兴趣和投入程度。观察学生在课堂外的行为,如是否遵守交通规则、是否有维护自身权利的意识等,以掌握学生的法治行为表现。

3. 学生自评与互评

让学生对自己在教学前后的法治意识变化进行自评。通过小组讨论等形式,让学生互评彼此的法治意识,以掌握学生之间的相互影响。

4. 教师评价

教师根据学生的课堂表现、作业完成情况等,对学生法治意识的增强程度进行评价。教师收集学生在法治教育过程中的反馈,掌握学生的学习困难和需求,为后续教学提供改进建议。

5. 家长反馈

教师通过家长会或家长问卷的形式,掌握家长对学生法治意识变化的评价。同时掌握家长对学生法治教育的期望和建议,为教学提供参考。

6. 实践考核

教师设计实践任务,如模拟法庭、法治宣传活动等,让学生在实践中运用所学的法治知识。通过实践任务的完成情况,教师评估学生的法治意识和实践能力。

7. 数据分析

教师对问卷调查、课堂观察、自评互评等数据进行整理和分析。对比学生在教学前后的变化,以客观数据展示学生的法治意识增强程度。

(三)教师对中国元素运用的认知与满意度调查

1. 调查目的

通过对教师进行问卷调查和访谈,掌握教师在道德与法治教学中对中国元素的运用情况、存在的问题及改进建议等方面的情况,这将有助于进一步改进教学方法和提高教学效果。

2. 调查对象

全国范围内教授中小学道德与法治课程的教师。

3. 调查方法

采用问卷调查和访谈相结合的方式进行。问卷调查采用匿名方式进行,访谈则选取部分教师进行深入交流。

4. 调查内容

(1)教师对中国元素在道德与法治教学中的重要性认知。

(2)教师对中国元素在教材中的呈现方式和内容的满意度。

(3)教师对中国元素在课堂中的运用方式和效果的满意度。

(4)教师对中国元素在课外活动中的运用方式和效果的满意度。

(5)教师对中国元素在道德与法治教学中存在的问题和改进建议的反馈情况。

5. 数据收集与分析方法

(1)数据收集:通过问卷星等在线调查工具进行数据收集,确保数据的安全性和保密性。

(2)数据分析:采用 SPSS 等统计软件进行数据分析,对数据进行描述性统计、交叉分析、聚类分析等,以全面掌握教师的认知和满意度情况。

综上所述,本文通过对中国元素在道德与法治教学中的运用进行分析和案例研究,发现其对学生的道德观念转变和法治意识的增强具有积极的影响。同时,调查问卷的结果也显示,教师对于中国元素的运用持认可态度,并认为其有助于提高学生的文化自信。在使用中国元素时需要注意教学的恰当性和掌握度,并且要确保学生能够真正理解并接受这些元素。此外,还需要重视教师对于使用中国元素的培训和指导,以保证教学效果与教师的认知与满意度达到最佳状态。

初中,对学生来说是人格养成的关键期。作为道德与法治课教师,重点在于发挥教师的主动性和创造性,要在学生心中植入真、善、美的种子,引导他们扣好人生的第一粒扣子。这包括从党史、中国古代史、改革开放史、社会主义发展史中汲取思想养分;通过讲述新时代的故事、先进典型的故事,为学生补足精神之钙;以北京奥运会等重大实践为鉴,汲取奋进力量,展现中国共产党百年奋斗所书写的中华民族史上最恢宏的史诗。这些都是讲好课程的丰富素材,旨在为学生塑立精神基石,稳固人生基础,助其成长为堪当民族复兴大任的时代新人。

第四章　青春期篇

　　初中阶段，学生正处于生理、心理发育的关键期，其自我防护和自我调适能力尚处于较为稚嫩的阶段。同时，他们承受着来自学习与生活的多重压力，情绪与心理状态较易受到各类挑战。因此，班主任在此时扮演着至关重要的角色，需具备换位思考的能力，以科学、理性的态度引导并帮助学生解决遇到的问题，成为滋润学生心灵、提供温暖支持的"贴心园丁"。

　　下面，通过几个班级典型的案例故事，述说我是如何对青春期学生进行引导帮助的。

第一节　自　信

【案例故事】

我有信心升高中

　　中考放榜的那天，小董和妈妈一同来到学校。妈妈接过小董手中的成绩单，神色中透出一丝忧虑，她关切地询问我："这个成绩，孩子能上高中吗？"言语间流露出不安和焦虑。而小董则回应道："妈，您放心吧，这次是我初中三年来最优秀的成绩了，而且我坚信自己完全有能力在高中继续提升。上了高中后，我会加倍努力学习，老师，您认为我说得对吗？"看着眼前满脸阳光、充满自信的小董，我感到十分欣慰。实际上，我对小董此次的中考成绩并不意外，因为在初三下学期以来，她不仅在学习上投入了更多的精力，而且在情绪调控方面也取得了显著的进步，这次的成绩无疑刷新了她自入学以来的最佳纪录，因此顺利进入高中是顺理成章的事情。让我惊喜的是小董展现出的那份前所未有的自信气场，那个曾经羞涩内向、不善言辞的小女孩已经悄然蜕变，取而代之的是现在站在我面前的这位文静而又自信满满的少女。记得刚入学不久,小董就引起了我的注意。上课回答问题,她要么不作声,默默用眼睛看着你;要么就说:"我不会。"有时她还不按时交作业,问她原因,她总说:"题太难了,我不会。"参加班级活动,她眼神闪躲:"我不行,还是选别人吧。""我不行"是我和小董交流时听到最多的回答。小董总说自己不行,不愿尝试,轻易放弃,这些表现应该与她长期不敢表达而产生的自卑、不自信有关。

【策略实施】

针对小董的情况,我决定采用积极心理学中的方法来帮助她。积极心理学兴起于 20 世纪末,与传统心理学不同的是,这种方法提倡以人自身的积极因素去面对所遇到的心理问题,在积极心态的影响下,实现人的全面发展,主要集中于研究积极情绪体验、积极社会环境、积极人格特征三个方面。我通过阅读积极心理学理论和实践案例,制定了对小董的辅导方案。

一、学会正确归因,消除认知偏差

具有自卑心理的学生意志薄弱,当面临一些未知性挑战或挫折时,就会产生放弃努力的想法,从本质上来说这是习得性无助的表现。积极心理学之父马丁·E. P. 塞利格曼(Martin E. P. Seligman)认为,习得性无助是因为自卑者存在永久、普遍、内在的解释风格,如认为失败是永久的,全盘否定自我,或将问题全部归咎于自己,使得挫败感越来越深。为了让小董走出越陷越深的失败怪圈,我决定对她进行一次谈话辅导,并用塞利格曼在《真实的幸福》一书中提到的"ABCDE"模式,帮助她消除对失败认识的偏差,形成正确归因。

二、关注学习过程,体验积极情绪

心理学家卡罗尔·S. 德韦克(Carol S. Dweck)把那些将成绩看成能力体现的思维习惯称为"固定型思维",而把那些将成绩看成阶段性行为反映的思维习惯称为"成长型思维"。拥有"固定型思维"的人过度关注结果,倾向于回避挑战和失败;拥有"成长型思维"的人则更关注过程,认为事物是不断发展的,面对失败会不轻易气馁。很显然,后者拥有更强的抗挫能力,懂得调节自己的情绪,更有助于人的成长。

为了让小董体验学习过程的成就感,我关注她上课的情绪、发言的状态,特别关注她试卷之后的改题情况。我从不问她为什么考了这样的分数,担心她难为情、自卑,总是主动把题给她讲明白。就这样,我一步步引导小董从只关注结果到关注过程,引导她认识到一时的落后并不可怕,关键是要从落后中找到进步的方向,使她成为一个具有"成长型思维"的人。在她努力改正自己的问题后,我又及时给予表扬和鼓励,让其体验付出努力后的欣喜之情,激励她保持积极向上的进取心,破除自卑心理。

三、营造积极关系,获得情感支持

积极心理学认为,积极的社会环境非常重要,它不仅是个体不断产生积极体验的最直接来源,也是建构积极人格的支持力量。家庭是积极的社会环境最主要的方面之一。

当自卑的孩子得不到家庭情感支持时,他们会更加孤独,自卑感也会随之加重。而罗森塔尔效应告诉我们,赞美、信任、期待具有一种特殊的能量,当一个人从他人那里获得支持,便会产生积极向上的动力,努力达到他人期许的样子。

因此,我与小董的妈妈沟通,让她在家中多关注孩子的情绪,情感,家校合力,使孩子变得更好。

四、创造"心流"体验,培养积极人格

美国积极心理学奠基人之一米哈里・契克森米哈(Mihaly Csikszentmihalyi)发现,当人们从事自己喜爱的工作时可能会经历一种独特的体验,它常使人废寝忘食,不计回报地全身心投入,并且乐在其中,而人在具有这种体验的活动中常常会爆发出惊人的创造力,他称这种体验为心流。"心流"体验更有利于培养学生积极的人格。因此,教师要善于激发和强化个体的各种现实能力与潜在能力,让学生体验成功感,收获幸福感。

小董的声音特别好听,她妈妈说她声乐考过了十级,中考还想让她凭借音乐特长进入理想的高中。于是,我决定发挥她的这个长处。一天大课间出操时,我在班里宣布:"小董,老师现在任命你为语文课代表助理,以后负责协助语文老师做好课前的诗词诵读工作。"我看到她的犹豫,便鼓励说:"你知道老师为什么选你吗?因为你的声音响亮动听,由你来领诵,坐在最后一排的学生也能清楚地听到,全班没有比你更合适的人选了。"

"那我试试吧。"她说。

就这样,小董走马上任。开始几天,她每带领大家背完一首古诗,我都会默默

地竖起大拇指。渐渐地,小董越来越自信。那段时间,小董用清亮的嗓音带领大家朗读,笑容一直挂在她的脸上。今年教师节,小董得知我获得"辽宁省优秀教师"的称号,给我邮来了一封暖人的贺信。信中,小董说:"老师,我看到您获得'辽宁省优秀教师'的称号了!真的太好了!祝贺您,老师!我们学校最近晚上8点50放学,但我觉得挺好的,可以有更多的时间学习了。最近开学考也考得还好,我坚信我能行。真的感激老师,是您陪我走过最艰难的时光,让我从自卑的人成长为一个自信的人。"字里行间流露出阳光和自信,令我欣慰。

在这个案例中,我运用积极心理学理论,从四个方面对小董进行引导:帮助她锁定问题"靶向点",克服认知偏见;发现问题解决"落脚点",积累积极情绪体验;给予信任"支撑点",营造温馨家庭环境;建立自信"闪光点",发挥其优势长处。经过一个学期的不懈努力,小董的自卑心理有了明显的转变,在学习与日常事务中展现出了更为积极主动的态度和自信。如今,"我不行"这句话已渐渐淡出她的话语中,取而代之的是她频繁且坚定地表示"我能行"。

第二节 改善亲子关系

【案例故事】

老师,我能抱一下您吗?

午休时间,我正在班级整理班务,忽然一个学生跑到我跟前说:"老师,外面有人找你。"我轻声说道:"让他来教室吧!"便又继续做着手头工作。没过多久,就传来脚步声,还没有等我抬头,一个成熟的"男中音"传入我的耳朵。"老师,您好,我来看望您了!"声音既陌生又熟悉,于是,我赶紧循声看去,一个英姿飒爽的军人站在我的面前。"老师,还记得我吗?"英俊的小伙子边说,边张开双臂,"老师,可以抱一下您吗?"我点了一下头,小伙子抱了我一下,然后我高兴地对他说:"记得,记得,我可是深深地记得你这个犟脾气的小宁。"一边说着,一边拉着他的手坐下来。看着眼前的小伙子,我的思绪回到了几年前。

那是新学期开学后的一个早晨,上课铃响,小宁还没有来学校。于是,我立即联系小宁的母亲,了解到小宁因未完成作业,出门前与母亲发生了口角,小宁一气之下就扬言不上学了。当天上午,小宁没来上学,下午他到学校之后也是趴在桌子上昏昏欲睡,情绪非常低落。我尝试找他交流但无果。

第二天早晨,小宁再次与母亲发生冲突,还是没有来学校。这是我开学后遇到的第一个"挑战"。我想,小宁扬言不上学的背后应该有值得深挖的故事,只有深入了解他,才能找到解决问题的方法。因此,我必须尽快了解其父母的教养方式以及小宁的成长经历。

通过与小宁母亲多次沟通,我了解到小宁有个比他小5岁的弟弟,父亲长期在外地工作,一年也回不了几次家,教育孩子的重任都落在母亲身上。母亲性格急躁,对孩子的学习期望较高,不能容忍一点点小失误,经常会因为一些琐事对他喋喋不休。相比之下,弟弟各方面表现都更好一些,母亲也经常在别人面前将二人进行比较。进入初中,小宁感觉父母对自己的期望越来越高,而自己的学习成绩却越来越差。同时,随着自主意识逐渐增强,他不愿意事事被母亲包办代替,所以经常与母亲发生冲突。在学校里,小宁的学习成绩中等偏下,自从地理课代表一职被老师撤换后,他的学习态度就变得比较消极,不愿与老师交流,作业也是应付。他在班上没有可以倾诉的朋友,在班级中的价值感和存在感较低。

所以,小宁在家里背负着巨大的心理压力,在学校又得不到老师和同学的重视,无论在哪里都找不到价值感和存在感;在成长过程中,母亲的包办使他缺乏应对负面事件的经验,心理调整能力薄弱,遇到不如意的事情就容易自暴自弃。因此,小宁扬言不上学是对当下处境的一种反抗,以掩饰自己内心的无力感。

【策略实施】

一、调整家长期望,改善亲子关系

在与小宁母亲的交谈中,我分析了小宁目前的心理困境:他在父母眼里是学习成绩差、消极对待问题的孩子,在弟弟眼里是表现差的哥哥,在老师和同学眼里是存在感不强的学生。因此,小宁的价值感、存在感和自我认同感都比较低,加上母亲一直以来将其与弟弟比较,更是打压了他的成长动力,而生活上母亲万事包办的做法使他缺乏成长的机会。小宁知道母亲身体不好,不敢正面与母亲发生冲突,因此,采取不上学的方式进行抗议,以获得心理平衡。

小宁母亲在得知小宁的心理困境与自己的言行有如此大的关联之后,非常自责。针对小宁的情况,我让小宁母亲从改变自己做起。

（一）调整期望值

我引导家长放下"读书是唯一出路"的执念，了解自己的要求与目前小宁的学习状况是否匹配。若要求过高，则需要降低期望值，接受小宁目前的学习状况，跟他一起设定"跳一跳，摸得着"的学习目标，让他做力所能及的事情。

（二）比长不比短

我建议他的母亲不要再用弟弟的优点与小宁的缺点比较，这样会导致小宁永远都是输的那方。长此以往，不仅无法给小宁带来积极作用，还可能会导致小宁产生严重的自卑心理。因此，他的母亲需要逐渐减少兄弟之间的比较，即便要比较，也要相互比优点。

（三）尊重孩子自由成长空间

我请他的母亲适当放手，给小宁成长的机会，让他感受到自我价值，多以平等、自由、尊重、民主的态度与孩子相处。在生活方面，他的母亲应改变事事包办的习惯，让孩子学会照顾自己；在需要做一些家庭决定时，改变"家长专制"的模式，多听听两个孩子的想法，综合家庭成员意见之后再做决定。

（四）借助"表扬贴"

我建议小宁的母亲针对具体事件分别给两个孩子建立"表扬档案"，及时记录当天他们取得的进步。例如，小宁回到家就写作业，母亲可以对此给予表扬："孩子，看到你回到家就立即写作业，感觉你很重视今天的学习任务，妈妈为你的进步感到开心，希望你继续加油！"写好后放在孩子书桌旁或者第二天上学前给他们看看，让孩子感受到母亲的关怀和鼓励。

一段时间之后，小宁的母亲说，家庭氛围变得越来越和谐，亲子沟通也越来越顺畅，小宁在家里也变得越来越自信、阳光了。

二、借助集体力量，融洽同伴关系

初中阶段的学生都非常重视同伴关系，小宁内心深处同样渴望被老师和同学们看见并关注。小宁请假那天，我对学生们说："这两天小宁或许遇到了一些成长中的困难，此时此刻也许处于无助与黑暗之中，我们作为一个班集体，应该发挥团结友爱的精神帮助他。"学生们纷纷点头。我们成立了互助小组,来帮助小宁。之后,小宁的变化尤为明显。在小组成员的帮助下,他对学习也逐渐产生了兴趣,开始举手回答问题,遇到不懂的问题能及时向组员请教,对小组安排的工作认真负责,与班上同学的交流也越来越多。

青春期学生正处于自我意识萌发、追求独立的阶段,因此,面对家长的管教可能会出现反抗心理或行为。小宁正是因为不满母亲的教育方式,才产生了较强烈的情绪困扰,继而以不上学的方式进行对抗,以获得心理上的平衡。当学生出现这类问题时,教师不要着急去解决问题,要先接纳学生的负面情绪,协助其合理表达情绪并探索情绪背后的原因,找到可以改变现状的措施。

作为班主任,我们平时要多与学生和家长沟通,这样可以深入了解学生的性格特点,有助于增进师生之间、家校之间的信任,处理学生问题时也能快速获得解决方法以及来自家长的支持。

第三节　正面管教

【案例故事】

迷茫的孩子

"老师,麻烦您来一下校门口,小琪又不肯进学校了。她平时最爱上您的课,也最听您的话。您来帮忙劝劝她吧!"接到小琪家长电话后,我迅速赶到校门口,只见小琪正蹲在地上哭,她的妈妈则在身边劝导。看到我,小琪停止了哭泣。我走过去,帮她把肩上的书包拿下来,然后拍拍她的肩膀说:"哭累了吧,咱们先不进教室,到办公室帮老师个忙吧!"听了我的话,小琪的情绪稳定了一些,默默跟着我去了办公室。

小琪不愿进学校的情况已经不是第一次了。这次是因为她没有完成作业,受到妈妈批评后便开始闹情绪,不肯来学校。妈妈着急上班,便把她强行送到学校,但她就是不肯进校门,吵着要回去。看来,小琪对校园生活产生了很大的畏难情绪。面对这种情况,普通教育方式已然不起作用。于是,我尝试运用正面管教法来帮助小琪。

【策略实施】

正面管教是由美国著名教育学家、心理学家简·尼尔森(Jane Nelsen)提出的，她认为，正面管教是与以往的奖励、惩罚、骄纵、严厉等不同的教养方式，是一种既不惩罚也不骄纵的管教模式。她主张在和善而坚定的气氛中，培养孩子自律、责任感、合作以及独立解决问题的能力。基于小琪的基本情况，我选取了正面管教的三种策略——情感联结、巧用鼓励、委以重任。

一、情感联结，发现问题正面管教

理论认为，学生相信老师在关爱他们，是他们感受到情感联结(归属感和自我价值感)的首要因素。所以，我打算用关心、关爱帮助小琪建立起情感联结。首先，我采取主动关心问候的方式。我每天早晨会给她妈妈发个信息，询问小琪何时来上学。在教学楼里，特意制造了"相遇"——我提前到学校，在进入教学楼的路口等她，并主动和她打招呼，然后一起进入教学楼。刚开始，小琪并不热情，只是点头微笑，几天之后，她开始主动与我打招呼了。后来，我又找了理由，去她家进行了一次家访，了解她的近况。其次，在课上给予她充分的肯定。我经常提一些适合她回答的问题，请她发言，并给予及时的肯定。当小组合作时，我特意走到她所在的小组，鼓励她、表扬她，让大家欣赏她。她感受到了老师和同学们的关心与关爱，逐渐建立起自信。

除此之外，我尝试与她闲聊家庭生活。然而，当我询问爸爸、妈妈平时在家是如何关心、关爱她时，她始终低头不语。我见状也没有再追问，但我并没有放弃。为进一步了解小琪的家庭情况，我详细询问了熟悉小琪的同学。他们反馈：在家里，父母对她不太关心，当她与弟弟发生矛盾时总是责怪她；在小学时，她没有朋友，老师也常因旷课、不交作业等问题批评她。这样一个爸妈不疼爱、同学不接纳、老师常批评的孩子，一定是极度缺乏关爱的。缺爱的孩子会很怯懦。从那之后，我特别关注她的日常生活，尽量不谈及令她产生畏难情绪的学习话题。此外，当她向我诉说一些问题时，尽管她表述得含糊不清，但我依然会认真倾听。同时，我也关注她的学习状态，经常与她探讨作业。渐渐地，我与小琪之间建立起良好的信任关系，她再没有因课业问题而拒绝上学。由此可见，情感联结在小琪身上已显成效。

二、巧用鼓励，激发自信

美国著名儿童心理学家鲁道夫·德雷克斯(Rudlf Dreikurs)认为，孩子们需要鼓励,就像植物需要水。鼓励对于孩子们的健康成长和发展是至关重要的。正面教育的理念是让学生们专注地解决问题,而不是成为惩罚和奖励的被动接受者。正面教育的愿景是当孩子们在学校里遭遇失败时不会被羞辱,而是学校给他们提供一个比较安全的环境,让他们从自己的错误中学习,感觉到自己被赋予了力量。小琪的成绩在班里属于中等,她特别渴望得到鼓励和肯定。针对这些情况,我决定采用鼓励的策略,努力在小琪身上寻找值得肯定的闪光点,以激发她学习的自信,帮助她克服畏难情绪。一天,我发现她在上课的时候很认真地做笔记,并将重难点用不同颜色的记号笔做了标注。我决定利用好这个契机:针对她做笔记的好习惯,巧用鼓励,激发她对学习的自信。于是,我拿着她的笔记走到教室的前面,把她的笔记本高高举起,在全班学生面前展示,并请大家说一说她的笔记哪里做得好,哪些方面值得学习。很多学生热情地夸赞起来。听到同学们的好评,小琪非常高兴,脸上露出许久未见的笑容。下课后,我把小琪带到办公室,告诉她笔记里还存在哪些问题。随后,我指导她更加科学地做笔记,并鼓励她说:"要把课堂笔记做出自己的特色,我会把你的笔记作为优秀范例向全班同学展示,让大家向你学习!"听到我的肯定和鼓励,小琪非常开心,表示一定会认真修改。回家之后,小琪立即修改笔记,然后第二天高兴地拿给我看。这件事让我意识到,小琪非常期待老师的表扬。后来,我向小琪家长表扬了小琪近来的表现,并请家长多鼓励孩子。同时,我也让家长明白:"父母是孩子的第一任教师。希望你们多给予孩子一些关爱,在适当的时候提供支持和帮助,暴力和责备只会让孩子越来越缺爱,导致畏难情绪。"在我的耐心劝导下,小琪妈妈也接纳了我的建议,表示一定会努力改变自己的教育方式。

三、委以重任,自我觉醒

一天,小琪突然找到我说:"老师,我想当您的课代表。"我一下子愣住了,意料之外却又在情理之中。我内心喜悦,面带微笑看着她。她有些羞涩和胆怯,但我看得出来,她是经过深思熟虑才勇敢地说出口的。我立即回应她:"可以,但是现在我们班不缺课代表,而且两位课代表都做得很好,怎么办?"她想了想,还是没有放弃:"那我可以帮您做一些其他事情。"很显然,她信心十足。我高兴地说:"好,那你先帮老师布置作业吧!"于是,她坚持每天来问我作业内容,并精准布置给同学,成了我的得力助手。她的工作做得越来越好。不久之后,我设计了一个让她挑战自我、展现自信、勇敢突破的机会——竞选"班主任小助手"。我说:"这件事需要征求同学们的意见,需要投票选举,可以吗?"开始时,她有些犹豫,担心同学们不同意,畏难情绪再次出现,我看出了她的担忧,鼓励说:"要不再给你几天时间？我相信,只要你做得好,同学们会支持你的。"

一周过去了,两周过去了,我以为小琪放弃的时候,她再次找到我说:"老师,我准备好了!"我欣慰至极,因为我看到了一个全新的小琪站在我的面前,此时的她乐观自信。不出意料,小琪获得了同学们的一致支持,那一刻,小琪笑容满面,自信满满。

后来,小琪又坚持担任了课代表的工作,这其中虽然出现过一些波折,她偶尔还会出现一些畏难情绪,每当这个时候,我都会及时帮助她、关心她、鼓励她。上了高中之后,她更加自信。在给我的信中写道:"感恩您在我初一、初二迷茫的时候,没有放弃我,感谢您一直以来的真心陪伴,您身上有一种温柔而坚定的力量,指引着我前行,初中的那些日子太令我难以忘怀。"帮助小琪的那段时间真的很辛苦,但现在回想起来,正是那杯浓浓的"苦咖啡",美好了人间岁月。

第四节　管理情绪

【案例故事】

做情绪的主人

"老师,小张跟体育老师吵起来了。"满头大汗的体育委员气喘吁吁地边说边用衣服擦着脸上的汗。

我说:"你别着急,慢慢说。"

"是这样的,老师。上体育课的时候,体育老师组织咱班跟别班进行一场篮球赛,结果咱班输了,小张认为体育老师裁判不公平。下课之后,小张就找体育老师去理论,结果就和体育老师吵起来了。老师,你快去看看吧！小张很激动,体育老师也很生气。"体育委员没有停顿,一口气就把事情说清楚了。

小张的秉性我很了解,这是一个很有正义感的男孩,但就是情绪急躁,遇事不能控制自己的情绪,我已经与他交流过多次,每次他都向我保证,以后遇事一定先冷静几分钟。但他经常被坏情绪包围着,于是,与别人发生冲突的事件层出不穷。

【策略实施】

教师要关注学生的情绪变化,引导他们看清事情的本质,管理好自己的情绪,与自己和平共处,真正成为自己情绪的主人。帮助学生学会调节情绪成了班主任的一门必修课。

一、教师要做学生情绪的调节者

班主任经常要面对这样的问题:当一个学生在你面前情绪崩溃时,你会怎么安慰他? 当一个学生因为情绪低落希望获得帮助时,你会怎么做? 当一个学生惴惴不安、充满紧张焦虑时,你会怎么做? 当一个学生小心翼翼地向你吐露心中的秘密时,你又该怎么办? ……班主任并不总是在铃声响起时仅仅传授精心准备的学科知识,也不总是在教室里等待着去解答学生的学习难题。在你选择成为一名班主任时,就已经把自己与学生紧密联系在一起。你面对的是几十个完整的生命个体,他们不仅是自然生命,也蕴含着社会生命和精神生命;不仅有理性,也有善性和灵性;不仅有认知与行为,也有需要、情绪和人格。因此,班主任要与学生做到息息相关,紧密相连,能够准确把握学生的思想动向和行为动态,只有在相互理解、相互尊重、相互信任的基础上,学生才会把内心的困惑不解向你敞开心扉。班主任需要掌握有效的助人方法,能够及时观察、理解学生的想法、情绪与行为,帮助学生解除心中的困扰,引导学生采取建设性的行动。

二、帮助学生学会管理情绪

在面对深受不良情绪困扰的学生时,教师往往会急于扮演拯救者的角色,希望通过外力迅速帮助他们摆脱负面情绪。然而,这种做法往往会有两种非理想结果:一方面,你可能认为某个方法有效并建议学生采用,但实际效果并不如预期,甚至可能导致情况恶化,此时你可能会承受未能正确引导的指责;另一方面,即使你的建议确实暂时缓解了学生的不良情绪,但这样做可能让学生形成依赖,误以为自己无法独立解决类似问题,只能求助于他人。

实际上,我们尚未充分认识到,情绪困扰更多时候体现为一种内心的挣扎而非具体可解的问题,因为问题通常意味着存在答案和解决方案,而个体的情绪困扰往往是非理性的,并不一定能找到唯一、确定的答案,有些人可能会长期困于某种负面情绪中。因此,真正帮助学生从情绪困境中解脱的关键,在于培养他们进行自我情绪管理的能力,引导他们认知自身情绪的本质,学会用合理的方法探索自己的情绪,并能采取有效途径来表达和释放情绪。也就是说,仅依赖外部力量去消除或压制情绪是不足够且不长久的,重要的是教会他们在觉察到情绪后,能够调整和优化情绪的表达方式。情绪管理的核心不在于情绪内容本身,而是如何恰当地在适宜的情境下以适当的方式表达恰当的情绪,这才是健康情绪管理的要义所在。

（一）帮助学生体察情绪

如果学生正在被消极情绪困扰,首先要帮助他体察自己的不良情绪。体察之后主动去表达、宣泄,就会降低消极情绪的不良影响。因为一个人之所以被消极情绪困扰,不一定是诱发事件直接引起的,而是由自己对事件的不同看法决定的。现实中,学生的许多情绪困扰常常取决于他们自己对事件的非理性认识。因此,要帮助学生认识到,自己的不良情绪并不是外在事件导致的,而是自己对事件不合理认知的结果。比如,面对生活中遇到的问题与挫折,如果只从一个角度看,可能会引起不安,产生苦闷和烦恼。换一个角度来看,也许就能发现它的积极意义,从而使消极情绪转化为积极情绪。帮助中小学生体察自己的情绪,可以教他们采用自我提问的方式来提醒自己:"我现在的情绪是什么? 为什么会有这种情绪?"如果学生经常主动询问自己这些问题,就能够养成体察当下情绪的习惯。

（二）帮助学生表达情绪

有些学生认为"人不应该有情绪",所以不肯承认自己有负面情绪;有些学生不善于与人交流,不良情绪往往埋在心里不愿表达,然而,压抑情绪反而会带来更多心理问题。因此,需要引导学生运用语言、活动等方式,对情绪进行消解性表征;或者引导他们学会主动向同伴倾诉、向老师和家长诉说。在现实的教育情境中,教师常常指导学生要用理智战胜情绪,要加强对自身情绪的控制,从而忽视了情绪的表达,其实适当表达心中的不良情绪,可以起到心理疏解的作用。

情绪的宣泄能够激发体内的能量释放,倘若这些在体内积聚的能量无法得到及时有效的排解,长此以往将会对身心健康产生负面影响。因此,确保进行适度合理的情绪宣泄至关重要。宣泄方法如下。

一是诉说。用恰当的语言向家人或朋友表达情绪。快乐因共享而倍增,痛苦则因有人分担而得以减轻。

二是书写。如果没有倾诉对象,也可以拿出一张纸或在手机备忘录里把烦恼、忧虑写下来。

三是运动。可以做一些相对剧烈的运动,借此释放能量、缓解情绪,达到宣泄的目的。一些研究表明,运动能够促进大脑分泌多巴胺,可有效提升情绪的稳定性,改善不良情绪。因此,可鼓励学生在不良情绪产生时,有规律地进行运动,多参加健身操、有氧慢跑等运动项目,及时宣泄情绪。

宣泄情绪的目的在于给自己一个理清想法的机会,让自己更有能量去面对未来。

三、帮助学生掌握情绪调节策略

情绪调节是在对自己情绪进行监控和评估的基础上,采用认知和行为策略对情绪进行修正的心理过程。有三种情绪调节策略,即情境关注策略、认知关注策略和反应关注策略。

(一)情境关注策略

情境关注策略,主要用于控制产生不良情绪的情境,通过选择或改变情境来发挥作用,包括情境选择和情境修正两种具体策略。情绪的产生往往与特定的情境分不开。改变情境是帮助学生调节情绪的有效方法之一。控制情绪的一种有力的方式,主要就是找到、避免或改变诱发情绪的场景,可以采用"情境选择"或"情境修正"的方法。不愉快的情绪主要来自情境,而情境又一时难以改变,暂时的逃离、逃避或隔离也是一种权宜之计。但这种"情境选择"的方法是被动的,有时完全避免不愉快的情境并不现实,长期使用也会弱化解决问题的能力。采用"情境修正"则是更为积极的方法,即直接进入这个情境采取措施改变它。

(二)认知关注策略

认知关注策略,是指通过主动调整注意力以聚焦于情境中特定且具有影响力的因素,或通过转换视角来重新诠释情境,从而达到改变情绪状态的目的。认知关注策略主要有注意控制、认知重评两种方法。注意控制可以将我们的注意从可能特定情绪的思维中转移开来。认知重评,是对情绪事件或情境的重新解释,也称为认知重建。在认知重评中,我们要关注的是一个真实且积极的方面。比如,原谅是一种认知重评的结果,原谅包括为对方的伤害性行为找到一个可以接受的解释。

（三）反应关注策略

反应关注策略，包括表达情绪、书写经历、锻炼、放松等。或许很多人认为，情绪宣泄出来会对人更好，其实不然。情绪心理学研究发现，表达情绪这一行为本身不能够让当事人更好受，反而会让当事人更难过。那在生活中为何表达情绪还会有很多积极的反馈呢？其实，表达情绪收到的情绪缓和的好结果，并不是"表达"本身带来的，而是在表达情绪后，我们可能会获得的社会支持带来的（如朋友、亲戚的）心理支援。也就是说，如果我们本身没有什么社会支持，我们还一味地以"宣泄"的方式来缓和情绪，那只会让自己越来越难受。所以，每当遇到情绪暴躁的学生，我都会了解引发不良情绪的原因，倾听他们的诉说，或者让他们把事情经过写下来，在书写的，他们的情绪就会慢慢稳定下来。这就是一种反应关注的体现，让他们很清晰地再现当时情境，并针对再现情境进行事实分析，帮助他们重塑认知，往往会收到意想不到的好效果。多年的班主任工作，我改变了很多情绪急躁的孩子，当看到他们性情友善、情绪稳定地健康成长，并享受学习和生活带来的快乐时，一个班主任的幸福感油然而生。

第五节 明 星 效 应

【案例故事】

"追星"追的是好品质

"老师，晓雯还没到校！"值日班长清脆的报告声让我不由自主地望向了晓雯的座位，思绪却被拉回到昨天和晓雯家长沟通这件事上。

"老师，这个孩子是没法管了！"电话那头晓雯妈妈已经带了哭腔，"马上要期末考试了，她不好好复习，整天拿着手机不放，说是要等什么明星的专辑上线，还说如果不让看手机，宁可不去上学！"

"晓雯妈妈，情况我已经了解了。这样吧，我先跟孩子沟通一下，了解一下情况，我们再制定一下帮助她的方案，您看可以吗？"我说。

此时电话被挂断了，再打过去却无人接听。直到昨天晚上放学后，才收到晓雯妈妈的一条信息："老师，抱歉，让您见笑了。孩子情绪一直很激动，不愿意沟通，我

▲们再做做工作。"

此刻,空荡荡的座位宣告昨晚的沟通失败了。我知道晓雯是个超级追星族,但这个没有影响她在学校的表现,成绩一直处于班级中上等,偶尔还有"突出"表现。她还担任生活委员,积极认真。之前,她妈妈跟我沟通晓雯追星这件事,我一直没找到一个比较好的沟通契机,现在竟然会起这么大冲突,甚至不来上学,这大大超出了我的预料。看来解决这个问题已迫在眉睫。

【策略实施】

一、要正确看待追星行为

(一)追星是学生自我意识发展的表现

青春期的学生自我意识开始觉醒,更加注重探索和认识自己,他们尝试远离父母,确认自我的独特存在,但这种远离又让他们产生危机感,因此迫切需要一个各方面表现优秀的对象作为学习追逐的榜样。明星相貌出众,舞台表现力强,符合时代发展的节奏,能够很快征服心理发展不成熟的学生。追星应运而生,这是青春期学生自我发展的正常心理。

(二)追星是理想自我的投射

央视主持人撒贝宁曾说过,追星其实是在追自己,是在以明星为目标,为自己设计一个理想的生活状态。学生从所追明星身上看到自己渴望成为的模样,希望未来的自己像他一样优秀,像他一样成功。追星是对想象中闪闪发光的自己的美好投射。

(三)追星是缓解压力的一种方式

青少年学生面临沉重的学业压力,而追星可以让他们缓解释放压力,增添生活乐趣。这一阶段的他们热切期盼得到他人认同,一旦自身难以轻易获取,便会倾向于通过将明星的成功经验与自身产生的心理进行投射,从而在内心深处获得某种程度的心理满足感。追星还容易与同伴群体拥有共同话题,找到归属感与安全感。另外,学生追星还受到从众心理、追赶潮流等其他因素影响。所以,对于学生追星切不可一棍子打死,而应该理解、引导。

有这样一句话:去接受新事物,去试着明白别人都对什么感兴趣? 是的,谁的青春年少没有自己喜欢的人或事呢? 又有多少人在青春年少时没追过各种"星"呢? 所以,换位思考一下,就会发现其实追星没有那么可怕,只要正确引导,就可以巧用明星的力量激发学生的正向能力的发展。

二、唤醒生命自觉,帮助学生反观自省

学生追星是由于其个体生命尚未真正觉醒、独立,需要将自己的青春年华寄托于追星上。因此,针对这一现象的最有效的方法是从内心深处唤醒学生对生命的自觉认识,从而帮助学生的向外崇拜模仿转变为向内的生命挖掘。比如,可以引导学生发现钱学森、袁隆平等人热爱祖国、勇于探究、持之以恒、淡泊名利的闪光点,并在产生共鸣的同时激发学生内在的生命自觉意识;启发学生感悟邵逸夫等人热心公益、捐资助学的至善之心,进而产生向上的力量;引领学生体悟张桂梅等当代"明星"奉献教育、帮助贫困女孩改变命运的无穷力量,进而促发学生在反躬自省中烛照自我人生,迈步向前⋯⋯

三、价值引领,学习明星优秀品质

我们面对的教育对象是正处于心理发展阶段尚未成熟的学生,他们对于自身追求的目标尚处于探索阶段且表现出强烈的追求欲望,由于这种缺乏深入思考和明确方向的状态,往往被形容为"盲目追求"。

我们可以提前准备一些和这个明星有关的小物件,比如印有明星头像的小贴画等,与学生谈话时以一种轻松的、朋友似的口吻进行,问这个明星最吸引他的是什么,学生可能会一一列举。这样的谈话能够引导学生关注明星身上的一些好的品质,使学生从具体事例中提炼出人性的真、善、美。总结出两三个优秀品质后,教师就可以把话题转回到学生本身,在学生身上也找出对应的品质并佐以相关事例进行论证,趁机鼓励学生保持自己优秀品质的同时向偶像看齐,正视并努力改正自身不足。

四、树立典型,做自己的明星

当学生对一些娱乐明星追得不亦乐乎时,教师应引导学生关注身边的"明星"。可以开展"学习标兵""劳动之星""才艺之星""诚信之星""正义之星"等评选活动,并加大对这些活动的宣传力度和奖励力度,让学生知道并不是只有网络媒

体上的那些人才是明星,在我们周围,在学校、班级就有很多可追的"星"。身边的"星"看得见、摸得着、易追崇,是更真实、更能带给自己正能量的榜样。同时,激励学生好好地欣赏自己,发现自身的美好与独特,树立起"与其崇拜他人,还不如让他人崇拜自己"的信念。青少年学生是祖国的未来和希望,他们的世界观、人生观、价值观尚未定型,正处于学习、发展的关键阶段,盲目追星不仅不利于青少年学生的成长,更不利于整个国家、社会、民族的进步。当下,青少年学生盲目追星出现的种种问题从本质上折射出其个人价值观的偏差。因此,解决学生盲目追星问题的根本在于立德,在于加强价值观教育,引导学生树立正确的价值观。社会主义核心价值观对于学生树立正确的价值观、坚定理想信念有着长远且正向的影响。班主任应将社会主义核心价值观作为对学生进行价值观教育的根本,不断丰富学生学习和践行社会主义核心价值观的体验,引导学生成为更好的自己。

尼采说:"教育就是发现自己,并成为自己。"学生的偶像崇拜行为,究其深层心理动机,实则是对理想化人物与情境的一种渴望和追求。我们的教育使命就是帮助学生成长、发展,找到更好的自己。最终,晓雯在我们的正确引导下,走出追星误区,不仅学习兴趣提升,还缓和了与父母的关系。

第六节　生命教育

【案例故事】

最棒的电脑管理员

新生开学第二天,历史课需要使用电脑播放课件。为了确保日后的教学顺利进行,我决定寻找一位熟悉电脑操作的学生作为班级电脑管理员。当我向全班说出这个想法后,坐在第二排的小珍毫不犹豫地举起了手,站起来后以清脆而坚定的声音回答:"老师,我可以。"她炯炯有神的眼睛和活泼可爱的神情让我印象深刻。从那天起,小珍不仅证明了自己能熟练掌握电脑的技能,更以其乐于助人的热情赢得了大家的喜爱。

然而,小珍阳光开朗的外表下,却隐藏着不为人知的心理困境。直到有一天,小珍的母亲向我透露了她从小学时期就存在的心理问题,即她的内心压抑且悲观消极。这令我极为震惊,因为我眼中的小珍始终积极乐观、热心助人。通过深入了解,我才得知小珍由于来自单亲家庭,内心深处充满了自卑,她所展现出来的快乐和阳光仅仅是对外界的一种掩饰。每日承受巨大压力的她,在学校与家中的表现截然不同,甚至出现了自残行为。

这一情况让我深感震惊与自责,作为班主任,我忽略了对学生内心世界的深入关怀。为了帮助小珍走出困境,我们班级开展了一系列关于生命价值探索的主题活动,鼓励学生打开心扉互相支持,并启动了"我给他人带来快乐"的活动,让学生体验关爱与被爱的幸福。同时,在道德与法治课堂上,我强调生命的独特性与不可替代的价值,教育学生珍惜生命的意义。

尤其是在新型冠状病毒疫情防控期间,我赋予小珍一个重要任务——上网课的助手和监督员,负责关注网络状态、协助解决授课过程中出现的小问题,并在课后向我积极的反馈。随着她的工作越发投入且认真负责,小珍逐渐找回了自信与快乐。在我持续的关注与鼓励下,她顺利完成初中学业,并考入了理想的高中。

小珍的故事并非个例,它提醒我在教育教学生涯中,必须始终坚持关注学生的心理健康,倾尽全力引导他们热爱生命、善待生命,让每一个生命都能绽放其应有的光彩。

【策略实施】

生命是最珍贵的,每个生命都是独一无二的,且不可复制的。然而,在快节奏的现代社会生活中,人们容易忽视生命的宝贵性,甚至对生命漠视和轻视。近年来,世界各国青少年自杀、暴力伤害行为等恶性事件时有发生,不同年龄段的人的生命意义感缺失、对生命漠视等现象越发受到关注。青少年只有了解生命的本质,以科学的态度对待生命,才能更加尊重和热爱生命。那么,应该如何开展生命教育呢?

一、融入日常教学,潜移默化影响学生

生命教育不应孤立存在,而应与日常教学紧密融合,潜移默化地塑造学生的生命观。例如,在道德与法治课堂上,教师可以借助关于生命的哲学思考和触动人心的故事,启发学生体悟生命的美好、珍贵以及脆弱;在生物课程中,可通过剖析生物生长发育的过程和生命现象,揭示生命的奥秘与尊严。

二、开展主题活动,深化学生对生命的理解

定期举办以生命教育为核心的主题活动是深化理解生命价值的重要手段。这类活动可以从生命起源、成长历程、保护意识等多个维度设计,如组织一场"珍视生命,防范风险"的主题班会。活动中,通过播放安全教育影片、讲解安全知识等互动方式,使学生深切感知生命的宝贵及易逝性。

三、注重实践体验,让学生亲身感受生命

实践体验是生命教育的有力载体,鼓励学生亲身参与生命孕育与成长的过程至关重要。比如,可以在班级设立种植角,让每个学生轮流负责照料植物,从浇水、施肥到修剪枝叶,全程参与到植物生命的成长中。在这个过程中,学生们不仅能掌握实际技能,更能亲身体验到生命的坚韧与脆弱,从而培养起对生命的尊重与爱护之情。

四、加强家校合作,共同推进生命教育

家校合作是推动生命教育不可或缺的一环。家庭对于孩子生命观念的形成同样起着关键作用,因此学校应积极与家长携手,共同肩负起生命教育的责任。这可以通过举办家长会、专题讲座等形式,向家长传达生命教育的理念及其在家庭教育中的重要性,倡导家长在日常生活中引导孩子关注并探讨生命议题。同时,邀请家长积极参与学校的各类生命教育活动,如开展亲子植树活动,让家长与孩子一同种下生命的种子,共同见证生命的萌发与成长。如此一来,不仅强化了家校联系,也使得家长和孩子更深刻地认识到生命的可贵与易损,进而共同努力,促进孩子的身心健康成长。

第七节   引导"叛逆"学生

【案例故事】

老师,是您教会了我做人!

"老师,三年初中生活,您让我感触最深的,不光是在学业上的教导与支持,更

多的是,您教会了我如何做人。是您让我认识了'集体'这个概念,又是您让我学会了换位思考。"毕业册中的小伟留言,让我又记起了那段岁月。

那次接初三年级,当我第一次走进教室,看到了学生们坐姿懒散,他们对我不理不睬,这让我感受到了前所未有的抵触情绪甚至敌意。我没有说话,尽力平复情绪,转身在黑板上写了个大大的"人"字,转过身对他们说:"同学们,老师黑板上写的字大家都认识,这个字写起来容易,做起来却挺难,我希望你们做一个堂堂正正、落落大方的人。"我边说边观察,发现有许多学生悄悄改变了坐姿,我接着说:"对咱们班级,我会倾注所有的爱,我会耐心等待,等待大家接受我,等待我们共同精彩生活的到来。"

就在这时,一个不和谐的声音传来:"老师,你就耐心等吧,看看能不能等到哈。"我循声看去,一张黝黑的脸上,清晰地写着"不屑",一双大大的眼睛透着蔑视。"你不是小伟吗?"我脱口叫出他的名字,他脸上掠过一丝惊讶,他没想到我知道他的名字。其实认识小伟纯属偶然。有一天经过操场时,我看见三个男生互相推搡,其中一个学生,脸上还挂着泪珠,他就是小伟。他不是体育委员,却特别渴望成为体育委员,于是经常穿别人的号码衫,觉得很神气。那天就是因为抢号码衫与体育委员发生了冲突。我在批评教育中帮小伟解了围。但他对于我的帮助并不领情,相反经常制造麻烦,甚至与我对着干。有一次班会,我播放了一段印度电影《一只鞋的故事》:一个富人家的男孩,跟着父母赶火车,奔跑时掉了一只鞋。一个光着脚的穷男孩拾到了,于是追赶火车送鞋,最后火车上的男孩奋力扔下另一只鞋,留给车下的男孩。看视频的学生都被感动了,有的女同学已热泪盈眶,我正想借题发挥,小伟来了一句:"他要是有脚气怎么办?"这么好的教育情境,一下子被他破坏了,学生们顿时全笑了,我当时十分生气,狠狠地训斥了他一顿。

事后我觉得,这么批评他根本没有效果,那怎么办呢? 还是要从根本上解决问题,帮助他。我需要借力,我突然想到了那件体育委员的号码衫。当天晚上,我又找他进行了一次长谈,内容从老师工作的不易,到对他内在品质的肯定以及他的兴趣爱好。第一次,他诚恳地说:"老师,我错了,我以后一定改。"我故意激他:"谁信你!"他一听,马上说:"我保证,真的。但是,如果我改正了,您可以奖励我吗?"望着此刻一脸诚恳认错的大男孩,我说:"如果你改正了,我就让你当体育委员。"之后,我用那件体育委员的号码衫约束他、激励他。

此后,他每取得一点儿进步我都给予肯定,不断鼓励他、认可他。逐渐地,他真的变了,不断约束自己,服从管理,帮助同学。特别是对体育委员的工作尽心尽力,

▲ 尽管有时会有纰漏,但只要我指出来,他都能认真接受,慢慢调整。他帮助我管理班级、组织室外活动,成了一名称职的体育委员,他自己也越来越自信、成熟。

【策略实施】

初中阶段,班级时常会出现一些"叛逆"的学生,他们对班级班规、教师权威乃至学校纪律表现出抵制与挑战的态度,有时还可能在学生群体中起到负面的示范作用,进而影响班级的整体学习氛围和效果。

一、锁定"叛逆"学生"软肋"

整治班级"叛逆"学生,首要任务是深入了解并锁定这些学生的"软肋"。班主任作为学生成长道路上的重要引路人,必须细心观察、耐心倾听,以发现学生叛逆行为背后的真实原因和敏感点,找到他们的"软肋",进行有的放矢的教育。

二、与"叛逆"学生谈心,找到切入点

谈心是建立有效沟通的第一步。班主任可以通过与"叛逆"学生进行深入谈话,了解他们的想法和感受,试着去理解他们逆反行为背后的原因,从根源上解决问题。通过谈心,班主任可以逐渐建立起与"叛逆"学生之间的信任关系,找到解决问题的合适切入点。在这个过程中,班主任需要让"叛逆"学生感受到自己的真诚和耐心、尊重和理解,让学生充分体会到老师对他们的关心和爱护,以及理解老师工作的出发点和良苦用心。

三、信任"叛逆"学生,建立良好师生关系

信任是建立良好师生关系的前提。老师要相信每个学生都有改变自己、积极向上的愿望,同时也使学生感受到老师对他们的信任。在处理问题时,老师要公正、公平地对待每个学生,避免带有偏见或歧视。只有这样,老师才可以真正走近"叛逆"学生,帮助"叛逆"学生。

四、引导"叛逆"学生参与班级活动和集体事务,增强班级凝聚力

班主任可以组织丰富多彩的班级活动,如文艺演出、体育比赛、社会实践等,鼓励"叛逆"学生积极参与其中。通过参与活动,"叛逆"学生在展示自己的才华和能

力时,能够感受到自己在班级的价值和归属感。同时,班主任还可以分配一些集体事务给"叛逆"学生负责,如班级卫生、纪律管理等,让"叛逆"学生在实践中增强对班级的认同感和责任感。班主任可以逐步改善班级氛围,帮助"叛逆"学生走出"叛逆"困境,实现健康成长。

　　总之,作为初中阶段的班主任,我深知青少年时期是生理、心理发育的关键节点,他们面临的自我防护与调适挑战尤为艰巨。面对学生在学习和成长中的重重压力及波动的情绪状态,我积极运用换位思考的方法,以科学、理性的教育理念引导并协助他们应对各种难题。我深感欣慰的是,每一次成功的引导和帮助都仿佛播撒下滋润心灵的甘霖,为他们在繁重的学习生活中营造了一片宁静的心灵绿洲,提供了一份坚实而温暖的支持。未来,我将继续致力于成为他们人生旅途中的一座灯塔,用智慧和爱心陪伴每一位学生走过这段至关重要的青春期,共同见证他们从稚嫩走向成熟、从困惑走向坚定的成长历程。

第五章　学习指导篇

在学习过程中,学生若承受过多非学业相关压力,将无形中加重负担,影响学习效果。特别是在初中阶段,随着知识难度的提升,部分家长可能难以在学业与心理方面给予孩子精准援助。此时,教师的角色尤为重要,需要积极介入,陪伴学生共同应对学习挑战,切实扮演好学生求知路上的"陪跑者"。

第一节　人人都能取得好成绩

初中阶段,正是青少年智力迅速发展、学习习惯养成的关键时期。每一个学生都蕴藏着巨大的学习潜力,教师应该努力打破成绩优劣的固有标签,营造积极向上的学习氛围,提供个性化的指导与支持,确保每一个学生都能在知识的海洋中畅游,同时能够使学生发掘自身优势,克服学习难点,从而实实在在地收获属于自己的那份"好成绩",实现全面发展,为未来的人生旅途奠定坚实基础。

一、让学生扬起自信的风帆

【案例故事】

"老师,您好! 我家孩子这两天不知什么原因情绪特别低落,昨天晚上竟然自己在房间里掉眼泪,问她发生了什么事,她说什么都没有发生,只是觉得很压抑。我看到她当时的样子心里也特别难过,也跟着她一起掉眼泪。我不知道她发生了什么事,但感觉她好像有点儿自卑。她是个心思特别重的孩子,什么事也不愿意和我说,希望老师和她谈谈心,开导开导她,别让她给自己太大的压力,拜托您了!"

看到小彤妈妈给我的留言,我十分担心小彤这个孩子。小彤是一个文静、懂事的孩子,对学习特别用心,也很刻苦,成绩在年级中名列前茅。我确实留意到了小彤情绪的低落,本就文静的她更加沉默寡言,现在看到家长的留言,我决定和她好好交流一下。下午自习课,我将小彤领到教室对面的辅导室,为了缓解紧张氛围,我与她先聊了班级情况,然后问她:"你最近感觉学习方面有什么困难吗?"小彤低着头回答:"没有。"我接着问:"那为什么老师觉得你最近心情不太好呢?是有什么不开心的事情吗?或者是有什么压力吗?"我边说边用手拍了拍她的肩膀。小彤默默抬起头,望向我:"老师,我最近觉得挺郁闷的,觉得自己很笨,已经很努力地学习了,但为什么做题的时候总是做错,这样下去,我是不是再怎么努力都没有用了?"话还没有说完,她的泪水已经流了下来。我忽然从心里十分心疼这个女孩,她已经很努力地让自己变优秀,但她内心深处的焦虑与不安却没有人排解。我抬手轻轻地替她擦去泪水,然后很肯定地对她说:"放心,你这么努力,一定会越来越优秀的。"

【案例分析】

经过多次交谈,我了解到小彤对学业成绩的不确定性是其焦虑情绪的主要来源。缺乏自信这一现象在初中生群体中颇具普遍性,因此,班主任帮助学生建立信心十分重要。

苏联教育家苏霍姆林斯基曾说:"教育的技巧和艺术就在于,教师要善于在每一个学生面前,甚至最平庸的,在智力发展最感困难的学生面前,都向他打开他的精神发展的领域,并使他能在这个领域里达到一个高处,显示自己,宣告大写的'我'的存在,从人的自尊感的源泉中吸取力量,感到自己并不低人一等,而是一个精神丰富的人。"这就是说,建立学生的自信心十分重要。那么,如何建立学生的自信心呢?具体做法如下。

(一)赏识激励,增强自信心

对于成长中的中学生来说,虽然有这样或那样的缺点,但优点也有很多,只要老师对他的优点及时肯定,对缺点及时纠正,那么久而久之,他便会成为一个优秀的学生。当学生感觉到自己在老师眼中也是有优点时,他会让自己做得更好。所以班主任在关注学生的时候,不以挑剔的眼光看学生,而应带着欣赏的眼光,多发现可以肯定的东西,让学生增强自信心。

(二)挖掘闪光点,建立自信

在教育实践中,教师在教育其他学生的时候,往往习惯于以班级中成绩优秀的学生作为参照。许多教师认为此举是在引导其他学生借鉴优秀学生的优点,来激发其竞争意识与进取精神。然而,这种做法对个别学生的发展而言,存在很大的潜在危害。

(1)过度比较容易导致学生滋生自我贬低的观念,即产生"我比不上别人"的消极认知。这种心态不仅可能让他们轻视自身价值,还易于引发深深的沮丧与无力感。

(2)长期处于比较氛围中的学生易于滋生嫉妒情绪。当过多心思用于关注他人的成功时,他们自身的精力与专注力便会被分散,无暇专注于自我提升与解决问题。

(3)即使模仿优秀者的行为激发了学习动力,若缺乏理性分析与个性化调整,盲目效仿,往往会抹杀学生的独特个性与优势。他们可能会在追求与他人同步的过程中逐渐丧失自我,成为他人模式的复制品,从而难以实现真正的突破与超越,进一步加深内心的劣等感,并最终侵蚀自信心。

鉴于此,教师的核心使命并非单纯鼓励学生对标他人,而是应致力于挖掘每位学生的个体优势,培养其独一无二的个性。在日常教学过程中,教师应尤为注重言语交流的艺术,敏锐捕捉并积极肯定学生的闪光之处,引导他们从自身优势出发,找到个人成长的突破点。唯有如此,方能有效助力每一位学生在珍视与发挥自身特色的同时,不断提升,逐步建立起坚实且持久的自信心。

(三)设定适宜目标,让学生在成功中获得自信

设定适宜目标,至关重要的是让学生在实践中频繁体验成功,因为这些成功的经历构成了他们建立和坚定信心的基石。具体操作可遵循以下两方面策略。

(1)将大目标拆解为一系列微小、可达成的小目标。目标分解得越细小,学生就越有可能轻松实现,从而持续获得成功的喜悦。例如,对于学业任务,可设定学生每日完成三至五道数学选择题,或者背诵一首古诗词。这些任务难度适中,易于完成,使得学生几乎每天都能感受到进步与成功。

(2)面对困难挑战时,将其细化为若干个渐进的阶段性目标,确保每个阶段目标都是可跨越且具有明显进步感的。以中考体育跳远项目为例,男生的标准为2.26米,直接要求学生达到这一高度无疑压力巨大。更有效的做法是,根据每个学生的实际情况,将总目标分解为一系列递增的小目标,如1.90米、1.95米、2.00米、2.10米、2.15米、2.20米直至2.26米。这样一来,学生在训练过程中就能逐一攻克,每达成一个阶段目标,就积累一次成功的体验。对于自信心较弱的学生,教师

应给予特别的关注与支持。在他们完成任务的过程中,有意识地创造机会,鼓励他们大胆尝试,克服畏难情绪,通过实际操作中的点滴进步来培养他们的自信心。

二、注重培养学生的学习兴趣

【案例故事】

下课铃声一响,坐在教室第一排的小周立刻冲到讲台上,将写满地理知识点的黑板迅速擦干净,边擦嘴里边念叨着:"都擦掉,都擦掉。"看着小周可爱的样子,我不禁莞尔一笑。在小周转身之际,我们正好四目相对,他怔住了,赶紧说:"下节生物课,需要把黑板擦干净。"听到他的话,我和同学们都笑了起来。小周作为生物课代表对生物情有独钟,喜爱至极,但对地理却十分厌恶,一提到地理,他就"激动",总是抱怨地理太难学,甚至"发动"学生抵制学习地理。经过一段时间的观察,我发现,小周只是对地理不感兴趣。知道了症结所在,我就可以"对症下药"了。

【案例分析】

在教学实践中,我们会发现一些有意思的现象:成绩优秀的学生也会偏科,基础较差的学生某些科目也很突出,究其原因,往往是兴趣使然。兴趣是人们积极探究某种事物或从事某种活动的意志动机中最积极、最活跃的成分;兴趣是点燃智慧的火花,是学习的动力。学生对所学东西一旦有了兴趣,就会不知疲倦,越学越爱学。反之,学生不愿意学就会产生抵触情绪。所以,在教学过程中,我们应该注重培养学生的学习兴趣。

孔子说:"知之者不如好之者,好之者不如乐之者。"(《论语·雍也篇》)一个能取得好的学习效果的秘密就是对学习的热爱。当学生对一门学科产生了兴趣,自然就会学得好。而使学生热爱学习,兴趣培养显得至关重要。

(一)采用新颖的教法

布鲁纳曾说过:"学习最好的刺激是对所学教材感兴趣。"在教学中教师要根据学生的心理特点,结合具体的教学内容,创设趣味情境,激发学生的学习兴趣,使学生积极地投入到学习中来,主动地获取知识。

(二)运用幽默的语言

初中阶段,正值学生活泼、好动、好奇的高峰期,他们对新鲜事物怀有极高的探知欲。然而,教材中的教学内容往往以固定的理性知识为主,对于这类相对刻板、缺乏趣味性的内容,学生们容易感到乏味,进而导致课堂氛围趋于沉闷无趣。幽默可以打破这一局面。课堂幽默可使学生沐浴在快乐中接受教育和享受学习。而且,巧妙的幽默可以紧紧抓住学生的注意力,使学生迅速进入学习状态。除此之外,语言还须简练,逻辑性强,要有节奏,快慢适度,注意语气,并有适当停顿。

(三)及时肯定学生

教师在教学中应积极创设多元平台,让学生充分展示自我。这意味着在各种教学活动中,教师不仅要助力学生把握学习机遇,实现学业成功,更要慧眼识珠,敏锐捕捉并肯定学生的每一点进步。尤为关键的是,教师应摒弃将学生相互比较的做法,因为这对于基础较弱的学生而言,极易导致其自信受挫。在学习生涯中,真正的参照应该是个体自身,关注与过去的自我相比是否有所提升。唯有如此,才能有效提升学生的学习兴趣与动力,防止其在求知之路上产生消极情绪与退缩心理。

三、提高听课效率是关键

【案例故事】

小黄是一个头脑灵活的男孩,喜欢钻研高难度问题。每当进行课前合作探究时,他总能展现出活跃的一面,因此他的身边常围聚着众多同学。大家乐于与小黄一道探讨问题,因为这样的互动总能激发出诸多灵感火花。小黄亦十分享受同伴们的认可,并从中收获成就感。然而,他的考试成绩却每每令人意外,一点儿也不突出。在探究原因后,我发现小黄的课堂听讲效率不高。他常常在课堂上神游天外,或是沉迷于自己的思考,或是自认为已完全掌握教师所讲内容,无须专心听讲。殊不知,这种脱离教师指导、忽视课堂讲解的学习方式乃是大忌,会使学习效率大大降低。

【案例分析】

高效听课,能使学生获取自学难以触及的方法与见解。倘若课堂上注意力分散、效率低下,学生就需要耗费课后大量时间去弥补,而这不仅耗时巨大,且成效也不是很理想。故而,提升听课效率堪称提升学习成绩的核心环节。听课本质上是在教师的指导下进行系统学习,确保学生在课堂上的高效聆听,是提高学习效率的关键步骤。

学习可分成三个环节——课前、课中、课后。现代化教学手段虽在课前预习与课后复习环节能发挥显著作用,但于课中的老师无可替代性仍无法撼动。课堂作为一种独特的教育场景,蕴含着丰富的人际互动与情感交流。教师一个鼓励的眼神、一个亲切的笑容,或是学生受邀上台解题后所体验到的成就感,以及受到教师表扬或同学掌声后油然而生的荣誉感,以及同学间热烈的问题探讨,均构建起课堂特有的学习氛围。在此环境中,一个善于学习的学生首要之举是确保课堂学习的高效进行。

我认为学生首先要做的是认真预习功课。学生每天花费少量时间预习次日授课内容,会产生三重效果:第一,预习有助于明确教师即将讲解的知识点,掌握自己能弄懂和未弄懂的内容。第二,预习有助于提升课堂上的精力集中度,使听讲更具针对性。由于学生难以全程保持课堂注意力高度集中,预习能让其在教师讲到自己已弄懂的知识点时,稍微放松些;在教师讲到自己尚未弄懂的知识点时,全神贯注,这样自然而然就提升了听课效率。第三,通过预习,对未知知识进行初步思考,有利于培养独立思考与解决问题的能力,从而增强自信心。

现在是一个终身学习的时代,自学能力是一个人非常重要的生存本能,通过预习提升这种本能,可以受益终生。预习不是一件很难的事情,以单个学科为例,每天只需抽出 5 分钟便足以完成。假定一天有 6 门课程,每门课程预留 5 分钟预习,总计仅需半小时。然而,这看似微小的投入,却将在未来的学习旅程中产生难以估量的积极影响。

四、听课紧跟老师思路

【案例故事】

小张是一个特别爱动脑筋的男孩,思维异常活跃,经常在课堂上随意表达观点和想法,干扰老师讲课思路,这引起了师生不满。虽然他参与积极性高,但成绩并不突出。我在细心观察后发现,他有一个不好的习惯,并严重阻碍了他的发展——上课不跟老师思路走,经常陷入自我思考中无法自拔,导致未能充分关注与理解教师讲解的课程内容。

【案例分析】

教学中常会遇到这样的学生:老师讲到一个问题,他很感兴趣,就不跟着老师思路走了,顺着这个问题无限地往下想。结果老师已经往下进行了,他还在原地不动,最后问题也没想出来,还错过了很多重要的知识内容,损失很大。所以,面对课堂引发兴趣的内容,应迅速记录,随后回归老师的讲解逻辑,而非一味沉浸于个人思路,非要当下寻得答案不可。有些学生甚至在课堂上与老师观点相左时,坚持中断教学进程,要求展开深入讨论,导致全班同学被动等待,此行为显然有违课堂秩序,对其他同学的学习权益构成侵害。

理想的听课状态应是紧跟老师的教学思路,积极思考,勇于发言,主动举手,积极回答问题,实现手脑并用。如此,学生既能保持思维活跃,又能确保紧跟课堂节奏,不易走神,从而有效保障课堂学习效率。一个真正做到眼观、耳听、手动的全方位投入课堂的学生,其听课效率无疑将达到最高,学习效果也必将事半功倍。

五、别让记笔记影响听课效果

【案例故事】

教学中经常发生这样的现象:学生在课堂上往往将大部分精力投入到记笔记中,力图将教师的板书内容一字不落地抄录于笔记中。尽管一节课下来,学生付出了很多辛苦,但实际对教师讲解的知识点吸收甚少。面对教师提问,他们往往无法给出答案,课后作业也无从下手。更常见的情形是,学生还未抄完当前内容,教师已开始讲解下一知识点。如此,一个普遍问题凸显:尽管学生的笔记详尽认真,但其本质仅仅是将教师所讲内容近乎原样复制至笔记中,导致学生在专注于抄写的过程中,要么无法认真听讲,要么对老师所讲内容仅得皮毛,理解肤浅。这种现象造成了本末倒置。记笔记原本是辅助听课、整理知识要点,现在却成为学生课堂上的首要任务,听课反而退居其次。长此以往,学生课堂理解模糊,笔记却积攒甚多,记笔记这一行为失去了其应有的价值与意义。

【案例分析】

我指导学生要学会有效记笔记,并提出以下建议:将笔记直接记录于课本对应章节的空白处。重点记什么呢? 第一,补充教材内容。快速记录教师对课本内容的补充说明,使课本更为完整详尽。第二,标注兴趣点。标记课堂上引起个人兴趣的知识点,便于日后复习时重点关注。第三,填补遗漏。针对教师讲解较快、自己走神错过或未理解透彻的部分,及时记录下来,课后务必补习弄懂。如此,既减轻了记忆负担,又确保笔记与课本紧密关联,复习时只需翻开课本,即可清晰看到自己的学习轨迹,大大提升了复习效率。对于学生而言,妥善处理记笔记与听课之间的关系,能有效提升课堂学习效率。

六、认真做作业是提高听课效率的保证

【案例故事】

22级新生刚入学就遭遇了新型冠状病毒疫情,因此未能如期举行报到见面仪式,就迅速进入了线上学习模式。为有效提升学生在线听课效果,自开学伊始,我们便对课后作业的完成给予了高度重视,制定了明确的作业规范与检查机制。经过一段时间的严格执行与引导,学生在作业提交方面逐步形成了良好的习惯,这不仅无形中带动了班级整体听课效果的提升,更激发了学生的学习热情与积极性。

【案例分析】

教师在每堂课结束后,会有针对性地布置作业,其作用各异:若是关键课程,作业就是对所学知识点进行复习、巩固与深化;若是为后续课程打基础,作业则是引导学生温故知新,为新知识的学习做好铺垫。通过完成作业,学生得以巩固、强化上节课所学内容,从而在听下一节课时感到更为轻松。尤其是当新课内容紧密衔接旧课时,高质量完成作业无疑对提升听课效果大有裨益。此外,作业的认真完成也有助于推动班级整体学习状况的持续改善。因此,我们需要引导学生深刻认识并认同作业的价值与重要性,使之内化为学习信念,外显于实际行动。

学生在作业完成过程中常出现拖延、敷衍甚至抄袭等情况,这些问题也常常困扰着老师。因此,在引导学生认识到作业重要性的同时,必须辅以制度约束以规范作业行为。具体措施如下:第一,延期申请。对于未按时完成作业的学生,允许其提出合理理由并征得老师同意后,可获准限时补交。第二,严禁抄袭。明确划定制止抄袭作业的红线,凡越界者将依据班规接受相应处罚。第三,小组监督与互评。以小组为单位,学生间相互监督作业完成情况,在周末班会上进行小组自评与他组互评,以形成集体监督与自我改进的氛围。第四,奖励机制。设立作业完成度与质量相关的奖励措施,以正面激励促使学生养成良好的做作业习惯。通过长期坚持以上引导与管理措施,学生逐步形成了认真对待作业的良好习惯。

七、学习忌用力要用心

【案例故事】

小翔是一个学习极其努力的孩子,连午休时间都不放过,用来阅读或做题。他

的努力程度有时甚至令人惊叹。然而,随着年级升高,他的成绩非但未见提升,反而与同学间的差距日益加大,这让家长深感忧虑,小翔本人也备感困扰。尽管从表面看,小翔确实在全力以赴地学习,但深入了解后会发现,他过于执着于自己的学习方式,对教师的指导几乎充耳不闻,这种固执己见的学习态度导致了他的努力收效甚微。

我突然意识到"学习并非单纯用力,而更需用心"这句话的真谛。于是,我找小翔进行了一次深入交谈,特意提到了这句话,期望他能领悟其中深意,从而调整学习方法,提升学习效果。令人欣慰的是,小翔开始有所转变,虽然偶尔仍需提醒。随之而来的是,他的学习成绩也开始呈现上升趋势。有理由相信,小翔正走在正确的学习道路上,未来可期。

【案例分析】

学习不是简单地坐在书桌前,摊开书本,把时间耗过去就能有成果。用心学习,是以效果作为衡量标准,是精力管理和结果导向的过程。用力和用心的差别,就像是在健身房里,有的人只是机械地举起哑铃,有的人却在思考如何让每一次动作都更有效。用力的人可能汗流浃背,但效果未必好;用心的人则可能轻松自如,却能收获明显的进步。用心学习,不是简单地以时间为衡量标准,而是关注学习的质量和效果。

用心学习,意味着我们要全身心地投入到学习中,关注每一个细节,思考每一个问题,这样才能真正理解知识,将知识内化为自己的能力。用心学习需要做到以下几点。

(1)自主性。用心学习的人具有强烈的求知欲和自主学习的能力。他们不满足于被动接受知识,而是主动去寻找、去探索。他们会根据自己的兴趣和需求,制订合理的学习计划,并严格执行。

(2)专注力。用心学习的人能够保持高度的专注力。他们在学习过程中,不受外界干扰,全身心地投入到学习中。他们知道,只有专注才能提高学习效率,真正掌握知识。

(3)思考力。用心学习的人善于思考。他们对所学知识进行深入思考,提出问题,寻找答案。通过思考,他们能够将知识内化为自己的认知,形成自己的见解。

(4)持续性。用心学习的人具有持续学习的意识。他们知道,学习是一个长期的过程,不能一蹴而就。因此,他们会合理安排时间,保证学习的持续性。

(5)反思能力。用心学习的人善于反思。他们在学习过程中,不断总结经验,找出自己的不足,并加以改进。通过反思,他们能够不断提高自己,实现自我成长。

那么,如何才能具有以上这些能力呢?

(1)培养兴趣。兴趣是最好的老师。找到自己的兴趣点,让学习变得有趣,才能更好地投入其中。

(2)设定目标。明确自己的学习目标,知道自己为什么要学习,才能保持动力,持续用心。

(3)创造良好的学习环境。为自己创造一个安静、舒适的学习环境,减少外界干扰,提高专注力。

(4)学会时间管理。合理安排学习时间,保证学习的持续性。同时,要懂得休息,避免过度劳累。

(5)培养思考习惯。在学习过程中,多提问、多思考,将知识内化为自己的认知。

(6)及时反馈与调整。学习过程中,要经常检查自己的学习接受程度,发现问题并及时调整。同时,与他人交流,分享学习心得,互相促进。

学习忌用力,要用心。老师应该培养学生做一个用心学习的人,让学习成为一种享受、一种习惯、一种生活态度。

八、错题不能轻易放过

作为班主任,要引导学生正确对待错误,将错题视为通向进步的阶梯。我们不怕错题,但一定要知道错在哪里,怎么错的,正确做法应该是怎样的。因此,在每次发放批阅后的试卷后,至关重要的一步是进行纠错和问题反思。无论面对大考还是小测,都应秉持相同的标准:首先,拿到批改后的试卷后,不应急于参考他人答案,而应先自行复查错题,深入剖析错误原因,继而重新独立解答原题。其次,完成错题订正后,需对其进行分类整理,构建错题库,以便形成可供日后借鉴的解题模型。最后,针对做错题目,要进行深入反思并提炼优化解题方法,选择最佳解题策略。坚持不懈地执行错题纠正与整理,一方面有助于培养良好的学习习惯,另一方面能稳步提升学习成绩。

九、主动学习,事半功倍

作为班主任,我们应该如何引导学生主动学习呢?

（一）让学生感到班主任的关注

很多时候，学生缺乏学习动力，是因为他们感到自己不被重视，不被关注。因此，班主任在管理班级的过程中，尽可能地让每一个学生都感受到班主任的关注。班级的一个女生，平时沉默寡言，不主动与同学交流，成绩也不是太好。课间休息时，我经常主动和她聊天，话题涉及兴趣爱好、家庭情况等，慢慢地，她开始表达自我，课堂上也积极主动回答问题。此外，我特别留意她的表现，当她正确回答问题时，我会及时给予肯定。慢慢地，她变得活泼了，学习也更加努力了，成绩也有了起色。

（二）抓住机会，对学生表扬

表扬是激发学生主动学习最有效的方法。班主任可以多关注学生表现，一旦发现学生有进步或者表现出色，就及时表扬。需要强调的是，表扬应该是个别的，让学生感受到自己的表现得到了肯定，从而更加努力地学习。同时，表扬也应该是具体的，让学生清楚自己的优点和长处，从而更加自信地去学习。

（三）用好谈心，激发学习的内驱力

谈心是班主任与学生沟通的最有效方法。通过谈心，班主任可以了解学生的思想动态和学习情况，可以帮助学生解决问题。在谈心中，班主任要感同身受，让学生感受到老师很理解他。班主任要走进学生的内心，激发他们的学习内驱力。小贾曾是我所带过一个班的学霸，有一段时间我发现他的学习成绩出现下滑趋势。通过谈心，我得知是家庭原因导致他的学习状态不好。后来，经过我慢慢引导，他及时调整心态，成绩也稳定了。

让学生主动学习，需要班主任在日常工作中付出更多努力和心思。只有这样，才能更好地引导学生，激发他们的学习内驱力，从而提高成绩。

第二节 培养良好的学习习惯

培根曾说过:"习惯真是一种顽强而巨大的力量,它可以主宰人的一生,因此,人从幼年起就应该通过教育培养一种良好的习惯。"学生的心田是一块神奇的土地,播种了一种思想,便会有行为的收获,播种了行为,便会有习惯的收获,播种了习惯,便会有品德的收获,播种了品德,便会有命运的收获。行为养成习惯,习惯造就性格,性格决定命运。良好的习惯对人生太重要了。养成良好学习习惯的人,要比那些没有养成良好学习习惯的人、养成不良学习习惯的人具有更大的潜在能量。

在初中阶段,培养良好的学习习惯对于每位学生的全面发展和未来成功至关重要。班主任在日常班级管理工作中,不仅要关注对学生能力与技能的培养,更要着力引导他们养成科学合理、持之以恒的学习习惯。通过创建适宜的学习环境和制定有效的管理策略,激发学生内在的学习动力,帮助他们在知识的海洋中驾舟前行,稳步提升综合能力,为今后的学习生涯乃至整个人生奠定坚实基础。

一、培养良好的学习习惯

(1)勇于面对问题的习惯。学生在学习中一定要有勇于面对问题的态度,要真实表达自己在学习中遇到的困惑,对于疑难或不明白的问题,不能遮遮掩掩,否则,会让自己陷入被动的旋涡。

(2)勤于思考的习惯。古语有云:"学贵知疑,小疑则小进,大疑则大进。"在学习过程中,学生要学会思考,更要勤于思考。没有思考,就不能将学到的知识真正转化为能力素质。正如爱因斯坦所说:"学习知识要善于思考、思考、再思考。"

(3)主动学习的习惯。无须老师和家长督促就能主动学习,这对学生来说并非一件易事。培养学生主动学习的习惯,让其感受到积极主动学习带来的愉悦感和自信心。

(4)有效率地学习的习惯。为确保在限定时间内高效完成既定学习任务,可采用将总时间分割成若干个时间段的方法,并根据学习内容为各个时间段设定明确具体的任务指标,并要求自己在每个时间段内专注完成一项具体任务。这种时间管理策略有助于减少学习过程中的分心与注意力分散,从而显著提升学习效率。同时,每完成一项任务后所获得的成就感,将作为积极反馈,激励自己心情愉悦地过渡到下一个学习时段,以保持良好的学习节奏与状态。

(5)提前预习的习惯。课前预习可以提高课上学习效率,有助于培养自学能力。预习时应对要学的内容,认真研读,理解并应用预习提示、查阅工具书或有关资料进行学习,认真思考有关问题,不懂的问题做好标记,以便课上有重点地去听、去学、去练。

(6)注意力集中的习惯。上课时,老师不仅用语言传递信息,还会用动作、表情传递信息,用眼神与学生交流。因此,学生上课必须调动所有感官参与学习。能否调动所有感官学习,是学习效率高低的关键所在。上课要做到情绪饱满,精力集中;抓住重点,弄清关键;主动参与,思考分析;大胆发言,展示思维。

(7)不懂就问的习惯。学习要严肃认真,多思善问。"多思"就是认真思考知识要点、思路、方法、知识之间的联系、知识与生活实际之间的联系等,形成体系。"善问"不仅要多问几个为什么,还要虚心向老师、同学及他人询问,这样才能提高自己的成绩。要知道"最愚蠢的是不问问题",应该养成向别人请教的习惯。

(8)及时复习的习惯。对于初中生来说,可以通过撰写学习心得、深度阅读理解、熟记关键知识点等方式,对当天的课堂内容进行细致梳理和复习。学生在睡前可对全天知识内容进行回顾和总结,自主记录疑难点和未解决的问题,并及时求助教师、同学或家长,确保当日问题当日解决,以免形成知识漏洞。此外,在日日复习的基础上,还应逐渐养成周期性复习的习惯,既要进行每日巩固,也要落实每周和单元的整体性复习计划。当初中生体验到周期性复习带来的知识深化、理解和应用能力的提升时,他们将会更加热爱复习这项学习活动,进而更容易养成良好的学习习惯。

二、培养良好学习习惯的方法

(1)要有目标。初中伊始,老师就引导学生树立目标,这样在生活、学习中就会自觉抵制各种诱惑,不断向目标前行。

(2)要从小事做起。细节决定成败。所以,老师要教导学生关注细节,因为一个人的习惯好坏,素质高低,往往反映在小事上。

(3)要有行动。心动不如行动。良好的习惯是通过过程养成的,只要想好了要做的事情,就立即行动,不要拖沓。

(4)要坚持。做事要持之以恒,不能三天打鱼,两天晒网,良好习惯的养成更是如此。

(5)不要找借口。美国西点军校的校训是"不准找借口"。现实生活中,会有
很多人做错事,不肯承认,总是找这样那样的借口,错失改错良机,如此,良好的习
惯也很难养成。

想要养成良好的学习习惯,初期可能会面临一定的挑战,但只要持之以恒,逐
渐积累并将其内化为自然行为,那么这些良好的学习习惯终将成为日常生活的一
部分,且一旦达到一定的稳定状态,它们就会自然而然地融入日常生活中。

第三节　激发学生的学习动力

作为一名已经有30多年的班主任,我所带的班级学风浓、凝聚力强,学生积极
向上,特别阳光。同事经常问我有什么独家秘诀,我想这也许跟我长期利用激励方
式来激发学生内在追求和学习动力有关。这主要包括以下三个方面。

一、激发美好期待,找回学习动力

不少学生丧失学习动力是自身原因导致的,我遇到最多的就是"习得性无
助"。学生在学习上付出了很大努力却收效甚微,一直没有达到预期目标,久而
之产生了一种无助感,觉得自己再努力也无济于事,由此开始焦虑、紧张,甚至消
沉、抑郁。我会针对学生的具体情况给出合适的"治疗"方案,但所有方案都围绕
一个主题——重新点燃学生对未来的美好期待,激发学生对未来美好生活的向往。
针对每个学生的特长布置小任务,如邀请有绘画天赋的小朱为班级画一幅画并挂
在教室供大家欣赏,请细心的小张参与班级活动设计等,这些举措通常能在一定程
度上帮助学生找回自信,重拾学习动力。

二、目标分解,提升学习内驱力

【案例故事】

初二下学期开始,小强学习呈下滑趋势,学习非常被动,缺乏内驱力,不理解学
习的意义;课堂上经常走神,学习效率低,从不发言,作业质量不高。对于学习上的
问题,小强总是归咎于自己不够聪明,认为即使努力也不会有什么改善,在学习中
找不到乐趣。面对成绩的下滑,他越发不自信,经常陷入自我否定。

【策略实施】

为帮助小强，我从以下几方面开展了工作。

(一)正向引导,共同分析达成共识

一次测验,小强完成得不理想,我借机与他进行了一次交流。

罗森塔尔的"人际期望效应"实验告诉我们,老师要对学生抱有期望,要用发展的眼光看待学生,更要付出爱与包容,在情感和精神上给予学生支持与鼓励。所以我从小强的角度揣摩想法,尽可能消除他的对抗心理,最大限度地尊重他、鼓励他,以此建立起师生之间的信任关系。我决定运用心理学正向问题解决三步法——"接情绪、看正向、找方法"与他进行谈话,为后面的帮扶措施做好铺垫。

第一步,站在他的角度与他共情。我对他说:"初二阶段各科都变难了,学习上的困难也跟着多起来了吧?"小强点点头。

第二步,对他进行正向期待和引导。我说:"我觉得你这段时间做得很好,上次跟你交流后,你的作业质量有了很大提高,课堂上也比之前积极了,我很高兴。"得到认可后,小强打起了精神。

第三步,引导他找方法。我说:"你之前的成绩能够保持那么好,说明你具备足够的能力,目前暂时在学习中遇到了困难,可能需要调整学习方法。你愿不愿意跟我一起找找原因,帮助你重回巅峰?"小强表示愿意。

于是,我们一起分析了几点原因:部分学科积累问题过多、作业耗时太长、没有自主复习、粗心马虎、经常出现低级失误、有畏难情绪等。为了能够激发他的内驱力,我和他商量,先用一个月时间做一些调整和尝试,采用不同以往的学习方法和习惯,并对两者进行比较,得出结论后再做决策。

(二)确立目标,进行可行性分解

心理学中的"焦点解决"强调由治疗师与当事人一起达成预期目标,并利用当事人的资源来创造性地寻求解决方案。此方法适用于优化学生学习方法和习惯等方面,助其从正向积极的视角看待自己遇到的学习困难。

结合小强的实际情况,我决定先选择他比较感兴趣的数学进行尝试,发展一门优势学科以带动整体。我们共同确立了数学期末考试目标,然后引导小强对目标进行可行性分解。

具体的行动如下。

（1）严控作业完成时间,减少盲目钻牛角尖次数。

（2）认真听取老师建议,将学习的兴趣转化为学习的动力。

（3）周末用2小时整理重温一周的知识点和错题。

（三）定期反馈,提升信心和内驱力

一周后,我与小强交流计划完成的进度。他表示定时找老师答疑对自己及时消化、吸收知识很有帮助,并愿意与同学探讨,尝试参与同学间的讨论,把听懂的问题讲解给别人听,思维连贯性明显增强了。现在想来,细化到每日需要完成的任务并不复杂,作业限时后他的休息时间增多,学习效率也变高了。在两周后的数学检测中,小强的低级失误明显减少,这给了他很大的信心。

渐渐地,不仅数学学科,小强其他学科的成绩也有了进步。在期末考试中,小强取得了比预期还要好的成绩。

具体目标的不断实现,使得小强有更多机会去表现,从而得到更多正向的肯定,这种成就感和自信心正是他最需要的。所以,目标分解可以帮助学生将不足发展为优势,化被动为主动,将理想变为可以看得见的现实,使其在微小的变化中不断进步。

三、心理疏导,提升学习效能感

小刘性格有些内向,学习基础薄弱且懒散消极,课堂上不认真听讲,经常无所事事。针对他的学习问题,我首先从心理方面入手,找到内在原因,为唤醒其积极的学习情绪奠定基础,继而通过班级活动体验、强化榜样引领、开展多元评价等方式逐渐培养其学习兴趣,提高其自我效能感,激发其学习潜力。我的具体做法如下。

（一）关注内在感受,唤醒积极情绪

情绪心理学认为,情绪是行为动机的重要影响因素,积极乐观的情绪有助于快速思考和解决问题,而消极低落的情绪会使思维受阻,不大可能从事新的活动、完成具有挑战性的任务。我及时了解了小刘的情况,得知他并非不想学习,而是父母对他批评多、鼓励少,否定多、肯定少,他们的频繁唠叨使他出现厌学情绪。此外,他自以为基础差,老师也不关心他,因此,出现学习焦虑,加之平时同学给他贴上了"躺平哥"的负面标签,导致他陷入学习无力的"沼泽"不能自拔。

针对小刘消极的学习情绪,我选择从"小中考"科目生物和地理入手。首先,我常关注他的学习困难与疑问,鼓励他与老师积极互动,形成课上、课下的良性循环。其次,我主动与小刘家长沟通,理性分析孩子的学业成绩,并借助由全班家长共同制作的"中考加油"视频,使小刘知道他的父母也能从正面、肯定的视角表达对他的关心和支持,借此形成良性的亲子互动,破除其厌学心理。最后,借助氛围,表扬小刘在班级活动、志愿服务中的表现及其学习状态的转变,引导大家重新认识小刘,为他打造"学习新星"的"新人设",促使"躺平哥"转变为"奋斗哥"。一段时间后,小刘学习的参与度和专注力得到了较大改善。

在面对学生的消极学习情绪时,要主动关注学生的内在感受,及时调整策略,唤醒其积极的学习情绪,为后续学习奠定良好的心理基础。

(二)借助活动体验,培养参与兴趣

学习兴趣是引发和推动学生坚持完成学习活动的内在动力保障。缺乏学习兴趣的学生即使能保持积极的学习情绪,也可能无法持续投入新的学习领域。周五的道德与法治课,我发现小张无精打采、昏昏欲睡。课后询问原因,他说:"我也想认真听讲,但是这门课实在太无聊了,感觉书本上讲的都没有用,不受控制就走神了。"他的话引起了我的思考,所有老师都会强调学习的重要性,家长也会反复强调学习对未来生活的必要性,但这些所谓的"强调"可能并未与学生的目标及兴趣关联,造成学生"被动学"的现象。

针对这种情况,我尝试引入更加直观和生动的教学方式,特别是通过组织一些与生活、学习密切相关的实践活动,来激发学生对道德与法治课程的兴趣。例如,模拟法庭、角色扮演等活动,让学生在实践中理解并应用所学知识,同时也鼓励他们结合个人兴趣和将来想做的职业去发现课程背后的价值。这样,小张及其他有类似情况的学生,在活动体验的过程中找到了学习的乐趣,进而从根本上提升了学习积极性和持久性,实现了从"要我学"到"我要学"的转变。

(三)强化榜样引领,提升自我效能感

自我效能感是指人们对自身能否利用所拥有的技能去完成某项工作、行为的自信程度。自我效能感影响着个体的学习行为、思维和情感,决定着他们在面对学习压力、学习困境中所付出的努力和坚持程度。

期中考试刚结束,小王哭着找到我说:"我不想上学了,学习太难了,我想请假

回家休息。"我安抚好他的情绪后了解得知,他是因为核对答案时发现错了很多,又遭遇同学的嘲讽和挖苦而情绪崩溃。我想,要帮助小王解决当前问题,不仅需要教育其他学生避免语言欺凌,关键还是要提高小王学习上的自我效能感。于是,我采取了以下措施。

(1)以身边同学为榜样,建立"学习朋友圈"。我在征求科任老师和同学意见的基础上,为小王挑选了"带教师傅",建立专属的"学习朋友圈"。"朋友圈"的优秀学员会不定期分享学习经验和学习方法。

(2)以名人故事为榜样,坚定学习行动力。我利用北京冬奥会热点人物谷爱凌、高弘博等开展"真正的体育精神不是'只能赢'"主题班会,通过谷爱凌的故事表达了成功的背后是默默的付出与坚持的道理,通过高弘博比赛失利的案例突显运动员在专业学习上的坚毅、热爱以及不放弃、不抛弃的精神品质,以坚定学生的理想信念。

(3)以自我为榜样,树立学习自信心。经过一个多月的努力,小王在物理学科上进步突出。我抓住机会,让他向全班同学分享自己的学习心得,这不仅强化了他的学习态度和行为,也帮助他树立了学习自信心,进一步维护了学习动力。在多方共同努力下,小王各科成绩都有进步,得到了科任老师的赞赏,他的学习自信心越发充足,同时提升了自我效能感。

四、引导自主探究,培养学习责任感

(一)形成自主学习的习惯

"老师,今天有练习题吗?""老师,您看一下我做的题对吗?""老师,今天上课的时候没有听懂的题,您可以帮我讲一下吗?""老师,这道题我卡壳了,您可以帮我找一下原因吗?"……同学们许许多多的问题,让我明白,引导学生探究式学习,能够增强学生的学习动力,培养他们的责任感。初二阶段是学生心理、生理发生变化的重要时期,是初中生人格形成的重要时期,也是培养学生良好学习习惯的关键时期。这个阶段,防止学生两极分化是一个重要任务。为此,要提早培养学生的学习责任感。

责任感就是自我负责、担当的意识,是学生主动学习的重要控制性动力。学生失去对学习的责任感主要是因为他们在学习过程中没有真正获得主体地位,不管有无兴趣,基本都是在师长的牵引下被动完成学习任务,整个过程都在为他人"做事"、负责。学生对学习的责任感通常来自初心和理想信念,更加具体地说,是来自学习活动的主体地位,来自自主探究、合作交流的过程,来自自主评价的自我肯定。学生的自律、自控能力与责任感关系密切,没有自主就不会产生真正的责任感,也就不会产生真正的自立自强。因此,教师要在自主探究中培养学生形成自主学习的习惯。

(二)激发学习动机

【案例故事】

小俊平时总是一副慵懒的状态,经常趴在桌子上听课,眼神常游离于黑板之外。每当被老师提问时,他才勉强收回目光,带着几分勉强与困倦缓慢起身,低声作答,声音微弱难以辨识。当被要求提高音量时,他只会满脸愁容地看着老师。小俊始终保持着一种不温不火的状态,既不像优等生那样奋力拼搏,成绩也不至于垫底。面对设定目标和激励他加倍努力的提议,他总是淡然回应:"老师,您别费心了,我真的不行,现在这样就挺好的。"

家长对此深感忧虑,希望能找到合适的方法激发小俊的斗志,使他从萎靡不振转变为积极阳光的少年。面对这样的情况,我没有急于与他进行严肃谈话或批评教育,而是决定先深入了解问题的本质。经过一段时间的观察,我发现小俊并非真的厌恶学习,只是不愿像其他人那样付出额外的努力。在他看来,只要成绩不在班级排名垫底,便能接受现状,从未考虑过要奋力追赶他人。

转折点出现在一节历史课上。当老师提出的问题无人能答时,平日里看似对什么都漠不关心的小俊却突然站起,流畅且激情洋溢地给出了答案,甚至配合肢体动作,赢得了全班的热烈掌声。这次事件让我得知小俊私下对历史有着浓厚的兴趣和广泛的阅读积累。于是,我以历史为话题,与他进行多次交流,他对此话题十分感兴趣,侃侃而谈,慢慢地,我们之间的交流变得顺畅起来。我不断地激励他,肯定他,让他知道历史能学好,其他科目也一定能学好。久而久之,小俊的精神面貌焕然一新,对学习的态度变得主动积极起来,且确立了明确的学习目标,即通过阅读和努力,实现"修身、齐家、治国、平天下"。

现今,越来越多的学生似乎出现了学不进去、缺乏学习动力的现象,实际上,这反映出他们的学习动机存在问题。动机是驱动个体活动的核心动力,人的任何行为都离不开动机的指引。当学生感到学习艰辛、丧失学习积极性时,他们会倾向于选择安逸,放弃努力,而这种学习压力还会进一步渗透到他们的生活方式和价值观构建中。

【策略实施】

学生的学习需要动机驱动。良好的学习动机能够产生持续学习行为，并取得好的成绩。我们常说，学习贵在坚持。因此，学习动机是学生持续学习的推动力。学生的学习行为受到内外两种动机的共同影响：外部动机源于外界环境的要求或奖励，而内在动机则是由对学习活动本身的热爱与追求所产生的，它促使学生更侧重于享受学习过程本身，而非过分关注学习的结果，进而展现出更高的求知欲和学习乐趣。那么，如何调动学生的学习动机呢？

1. 运用强化，激发学生的外在动机

激发学生的外在动机，是老师使用的最频繁的教育策略。当发现学生学习动力不足时，老师会经常使用批评、奖赏、赞扬、评分、评级、竞争等手段，使学生建立起相应的学习兴趣。这些都是激发学生外在学习动机的方法。

2. 设置目标，激发学生的内在动机

个体的学习需求需转化为内在的学习动机，才能有效激发个体投入学习活动中。通常，我们将动机视为驱动个体行动以满足特定需求的一种内在心理状态。在学生学习的过程中，学习动机起到了直接操控其学习行为的核心作用，决定了学生是否愿意学习、对何种知识内容抱有兴趣，以及在学习上投入的程度。

（1）使学生认识到能力是可变的

设定长远目标的学生，认为人的能力是可变的，只要通过努力就可以使能力得到提高。他们将成功看作能力增长和自身进步的表现，将失败归因于自身努力不够，如果在充分努力的情况下，可能会进一步归因于方法和策略使用不当，有待于今后努力改进。

以成绩为目标的学生，认为人的能力是不变的，将失败看作自己能力不足。因此，老师帮助学生认识到能力是可变的、结果是可控的，可以降低学生的学习无力感，也能够避免学生因多次失败变得自暴自弃。同时，老师也要注意为学生创造一定的环境条件，让学生看到只要努力就能获得相应成果，感受到自身努力的有效性。

（2）使学生认识到失败是努力不够或方法不当的结果

中午，学生陆陆续续到操场活动，晓涵走在最后，慢吞吞地，似乎情绪不太好，我走到她跟前问道："你怎么了？"晓涵没有抬头，小声说了句："没事，老师。"声音虽小，但我却听出了"悲伤"，于是，关切地问道："你跟老师说一下，到底怎么了？"这一问竟然让晓涵的眼泪止不住地流了下来。我不由得一惊，经过一番询问得知，原来晓涵昨天认真地练习了语文的背诵默写，结果晨测的时候却全都忘记了，成绩自然不好，但她不能接受这样的结果，因为她觉得自己努力了，就应该取得好成绩，所以哭得十分伤心。其实生活中总有一些学生觉得自己努力了就应该取得好成绩，但结果却不如意。所以要引导学生正确认识问题的实质——失败是因为努力不够或方法不当。

失败不代表能力差，而是努力不够或方法不当。失败可以进一步为行动提供线索和方向，提供新的挑战和机会。一些学生即使面对失败也能够以积极乐观的心态予以对待。另一些学生则认为失败就意味着能力不足，从而产生羞愧、焦虑、忧郁等消极情绪。他们在面对失败时往往采用自我防御方式，如贬低学习任务的价值、表现出对学习活动的厌倦情绪等，以此来维护自尊。因此，老师帮助学生进行归因训练，将活动成功归因于能力提升，将活动失败归因于努力不够或方法不当，形成积极的归因方式，有助于激发学生的内在动机。

(3)使学生体验挑战的快乐

一些学生倾向于选择具有挑战性的学习任务，受努力归因的影响，会表现出较高的坚持性，即使面临失败也会有继续努力的动力。另一些学生则倾向于选择容易的任务，在面临困难时会变得泄气或放弃任务，而且羞愧、焦虑等消极情绪也会妨碍任务的进行。因此，老师使学生根据自己的能力选择一些具有挑战性的任务，体验挑战的快乐，有助于激发学生学习的内在动机。

(4)激发学生的认知好奇心

认知好奇心是一种指向学习活动本身的认知需要，表现为好奇、探索、操作和掌握行为。低年龄孩子常常有着很强的好奇心，觉得学习本身很有趣，对什么都想了解，但随着年龄的增长，这种情况会发生变化，特别是当学习变成单调重复、死记硬背的过程时，变成一个与他人比较的过程时，这种认知好奇心就会被逐渐磨灭。因此，老师应多创设问题情境引发学生的好奇心，通过设疑让学生对学习内容产生好奇心，将有助于学生关注学习活动本身，这也是激发学生学习内在动机的有效途径。

3.促进学生学习动机的内化

（1）促进学生内在动机的发展

为保障学生内在学习动机的发展，班主任需要采取一些有针对性的方法。例如，不给予学生过多学习上的刺激，过多的刺激会让学生失去学习兴趣，还没有正式开始学习，就会产生被压倒的感受；要为学生营造温暖、包容、支持的学习环境氛围，在这种环境中学习，会使学生的学习压力变小；要尽可能避免过多的控制与干预，赋予学生更多的自律性，注重提高学生的自主性和自我决定能力。

（2）使用提升内在动机的语言

班主任要关注和赞赏学生的学习过程，特别是学生付诸努力的过程，如"最近你的听课状态挺好，发言积极了""这次考试成绩虽然提升不大，但与之前的学习态度相比，你认真多了，慢慢地你会更好""看到你自己认真解数学题的样子，真是让老师高兴"……如果班主任过多重视学习的结果，学生就会只注重如何获得好成绩，很难在学习过程中感受到乐趣或成就感。老师多使用提升内在动机的语言，会帮助学生内在学习动机的提升。

（3）提升学生的团体归属感

当学生能够体验到来自团体的归属感时，他们就会自愿内化团体的价值观和行为方式；如果学生感受不到团体的归属感，就会对团体的价值观和行为方式产生怀疑，造成与团体的疏离感。因此，班主任应注重与学生建立平等、尊重、信任的关系，让学生感受到来自教师的关怀与期待；还应积极营造温暖和谐、相互支持的班级氛围，通过良好的归属感使学生主动投入到学习中。

（4）丰富教育手段，增强学习动力

随着信息化时代的到来，教育手段也越来越丰富。教师借助多媒体形式，可为学生提供更多展示交流的途径，培养学生的综合能力，增强学生的学习动力。此外，在日常学习中，教师还可以利用现代信息手段，设计一些小的环节，增强学习趣味性，以调动学生的学习兴趣。

总之，初中生在面临学习和生活中的压力时，老师的引导和支持对他们至关重要。老师不仅要关注学生的学业进展，更要洞察学生的心理需求，适时介入，通过陪伴、鼓励和引导，帮助学生克服学习中的难题，养成良好的学习习惯。在这个过程中，教师要以专业的教育智慧和无私的关爱，为学生的求知之旅保驾护航。只有这样，教师才能确保每一位学生在重重挑战中找到学习的乐趣，激发学生内在的学习动机，最终实现学生全面而卓越的成长。

◆　附：

双减背景下,如何提升学生自主学习的能力

在"双减"政策落地、素质教育全面推进等多重因素的影响下,学生自主学习能力的重要性逐渐凸显出来。而如何有效培养学生的自学能力,也随之受到广大一线教师的广泛关注,尤其是对于班主任来说,通过系统化、有针对性的引导教育,促进学生自学能力的形成与发展,更是成为班级管理工作的重要内容。

一、学生自学能力发展的影响因素

(一)班级环境

未成年学生正处于认识世界的初级阶段,其行为与思想都很容易受到周边环境的影响,而班级环境作为学生接触最多的环境场景,与其学习行为及自学能力发展自然有着密切关系。一般来说,如果学生所处的班级环境比较积极、和谐,且学习氛围较为浓厚,那么学生就会形成较强的自主学习意识,能够根据实际学习需求进行经常性的自主学习,而在持续性的自主学习中,其自学能力也会随之得到发展。反之,如果学生所处班级环境较为混乱、消极,学习氛围也比较差,那么即便其自控能力较强,实际学习行为也很容易受到周边同学的潜移默化影响,进而导致学习专注度、学习欲望与学习持续性下降,限制自学能力的发展。

(二)学习兴趣

兴趣作为驱动、支撑学习行为的最关键要素,对学生自学能力的影响十分显著。从能力发展规律来看,由于学习本身是一项需要长期持续的活动,而学习过程中又难免会遇到各种困难与枯燥的学习内容,因此学生要想将学习行为长期持续下去,就必须要以浓厚兴趣作为驱动学习行为的核心动力,支撑自己通过持之以恒的探究思考,逐渐突破学习困难,度过枯燥过程,最终获得良好学习体验,形成学习体验与学习兴趣互相促进的良性循环。如果学生对所学内容的兴趣不足,那么一旦遇到学习困难,或是短期内无法获得良好学习体验,其学习行为就无法持续,自主学习能力自然也难以得到提升。

(三)教师引导

自主学习能力发展不仅需要以长期持续的学习活动为前提,同时也离不开外部因素的引导与激励。而对于学生来说,深度参与其学习活动的老师,则正是最佳的引导者、激励者。在学生的学习过程中,如果教师能够根据实际情况对其进行正确引导,指出合适的学习思路、学习方法,明确各种错误学习行为,或是通过形式多样化的鼓励与激励,从外部为学生注入动力,那么学生不仅能够将学习行为长期持续下去,同时还能学会如何正确学习,这些对于自学能力发展有着很大帮助。相反,如果缺少了教师的正确引导与有效激励,那么学生在学习过程中就可能会遇到自信心下降、学习态度消极、学习方法低效等问题,直接影响自学能力。

(四)学习习惯

自主学习能力的发展过程,本质上也是一个不断总结学习经验、优化学习方法、保持学习动力的过程,随着学习行为的持续,自主学习能力必然会处于持续发展的状态,而学习习惯,则是影响该过程中自学能力发展效率的关键因素。具体而言,如果学生能够养成认真严谨、独立钻研、按计划学习等良好学习习惯,那么其总结学习经验、优化学习方法的效率就会比较高,自学能力自然可以实现更快发展。反之,如果学生的学习习惯较差,那么就很难在学习活动中总结经验、改进方法,自学能力的发展也会比较慢,有时甚至还会出现能力发展陷入停滞或是能力下降的情况。

二、在班主任管理视角下培养学生自学能力的有效路径

(一)细节渗透,营造良好学习氛围

对于班主任来说,要想依靠班级管理来有效培养学生自学能力,首先就必须要对班级环境的重要性形成清晰认知,明确班级环境与自学能力发展间的关系,并通过多种形式的细节渗透,在班级内营造出良好学习氛围,优化班级环境。例如,在日常工作与生活中,班主任应坚持以身作则,利用午休、下班后、自习课等空闲时间进行自主学习,不断提高自身专业素养与综合素质,这样既可以为学生做好榜样,同时也能够实现自我提升,更好地完成教学、教研、学生管理等工作任务。同时,班主任还可以发挥班干部、各学科课代表的带头作用,鼓励其带领、督促其他同学按

时完成日常学习任务,并根据实际情况进行灵活的自主学习安排,以实际行动对其他同学施加潜移默化的影响。对于学习表现较好的其他同学,班主任同样可以将其树立为学习榜样,以强化学生学习意识,在班级内树立正确的学习观。另外,班主任还可以通过教室布置来营造文化氛围,在保证班级环境整洁、美观的基础上,在教室两侧墙壁展示优秀作文、优秀笔记等学生学习成果,或是直接张贴记录各种学习方法、正确学习习惯的标语等,以实现对学生的潜移默化影响。

(二)内外结合,强化学生学习动机

学生的学习动机通常可分为内在动机与外在动机两种。班主任在培养学生自学能力的过程中,还需采取内外结合的教育策略,根据学生心理特征、兴趣爱好等实际情况,有针对性地强化其外在学习动机与内在学习动机。

例如,对好奇心较强的学生,班主任可以结合生活中的静电现象、广告语设计、知名历史人物、天气变化等细节,提出"你知道为什么触摸金属门把手时会出现静电吗?""你知道屈原为什么要投汨罗江吗?"等类似引导问题,以有效激发出学生的求知欲望,激励其通过学习探究来满足好奇心。而这种以求知为目的的学习探究,正是内在学习动机生成的体现。对于一些好胜心较强的学生,班主任则可以根据其学习情况与兴趣爱好,为其设定合理的下一阶段学习目标,并做出达成目标后给予文具、奖杯、课外书籍等奖励的承诺,以激发其外在学习动机。另外,班主任还可以在班会活动上,鼓励每个学生说出自己的理想,同时联系各种形式的课内外学习活动,指导其制订实现理想的细致计划,使学生能够为实现个人理想而努力学习,形成最为强大的内在学习动机。

(三)立足宏观,落实个性化引导方案

在不同学科领域的学习内容、学习任务存在差异的情况下,班主任虽然很难为学生各科学习提出具体建议,但却可以提供宏观上的学习方法指导与学习思路引导。因此在日常的班级管理工作中,班主任还可以根据每个学生的个体特征,为其制定立足于宏观的个性化学习引导方案,以帮助其建立学习自信、提高学习效率、保持学习动力。

例如,对一些学习成绩较差或比较调皮的学生,班主任可以运用期望效应理论,向学生提出自己对其学习成绩、能力发展、思想道德等方面的美好期望,同时肯定学生表现的优点与良好学习成果,使学生能够为了不让班主任失望而认真、努力

学习。对于学习效率较低的学生,班主任可以向其传授"坚持进行自我评价与自我完善""根据学科特点摸索适合自己的学习方法""与同学合作探究"等学习思路建议,并设置清晰的阶段性、个性化学习目标,使学生能够改正盲目学习、忽视合作、学习方法不当等错误。

(四)家校共育,重视学习习惯的规范

学习习惯的养成与转变并非一朝一夕可以实现,班主任在班级管理工作中,要想帮助学生养成良好学习习惯,还需采取家校协同共育的策略,将学校教育与家庭教育紧密联系起来,与学生家长共同对学生的学习习惯进行规范。

在学校教育方面,班主任应注意观察学生平时的学习行为细节,一旦发现有学生存在上课注意力不集中、作业完成不认真、课前预习不主动、过度依赖老师等不良习惯,应立即与其进行沟通,指出学习习惯的问题所在,并从学生视角出发,讲明学习习惯不良原因与相应的正确习惯,使学生能够及时认识到自身不足,并确定学习习惯改正方向。而在家庭教育方面,班主任则需要定期与学生家长进行沟通,了解学生未在校期间的学习表现,并将其在校期间的学习表现告知家长,请家长平时注意规范孩子现有的不良学习习惯,以实现学生学情互通,保证学生学习习惯监督、规范的全面性。同时,由于很多学生家长对家庭教育缺乏正确认知,无论是教育观念还是教育方法都存在一定不足,因此班主任还需在与家长沟通时,向其传授赏识教育、亲子互动、树立榜样等家庭教育理论与方法,并进行长期性的家庭教育指导,以保证家庭教育的有效性。

学生自学能力的发展不仅直接关系其学习成绩与各方面能力素质的提升,同时也是落实基础教育改革的关键因素,班主任必须要对此有足够的重视,并在准确把握自学能力发展各项影响因素的基础上,采取营造良好学习氛围、落实个性化学习引导方案、强化学生学习动机、与家长共同规范学习习惯等班级管理策略。

参 考 文 献

[1] 蒋晓辉. 中华优秀传统文化融入初中道德与法治教学研究[J]. 文学少年, 2022(2):163-165.

[2] 黄柠. 文化自信视域下小学道德与法治教学策略探析[J]. 基础教育论坛, 2023(9):15-17.

[3] 李天斌. 厚植文化底蕴增强文化自信:初中道德与法治教学中渗透黔西市优秀传统文化的实践研究[J]. 人生与伴侣, 2021(17):20-21.

[4] 景致美. 红色文化在初中道德与法治课堂教学中的应用实践[J]. 中文科技期刊数据库(全文版)教育科学, 2023(4):68-71.

[5] 刘称莲. 陪孩子走过高中三年[M]. 3版. 北京:北京联合出版公司, 2017.

[6] 李镇西. 爱心与教育:李镇西素质教育探索手记[M]. 桂林:漓江出版社, 2014.

[7] 王晓春. 做一个专业的班主任[M]. 上海:华东师范大学出版社, 2023.

[8] 许丹红. 不吼不叫,做智慧班主任:资深老班珍藏的锦囊妙计[M]. 上海:华东师范大学出版社, 2018.

[9] 王晓春. 今天怎样做教师:点评100个教育案例:中学[M]. 修订版. 上海:华东师范大学出版社, 2014.

[10] 魏书生. 就这样当班主任[M]. 武汉:长江文艺出版社, 2019.

附 录

附录 A 作为市人大代表的部分议案

关于制定《大连市电动自行车管理条例》的议案

当下,人们的交通出行越来越方便、快捷,电动自行车以其轻便、灵活、实惠等特点,深受百姓青睐。据中华人民共和国工业和信息化部发布的数据,2019 年我国电动自行车产量为 2 707.7 万辆,社会保有量近 3 亿辆,位居世界第一。与此同时,电动自行车道路交通事故及其所造成的伤亡数量也在大幅攀升,不容小觑。电动自行车的安全隐患主要集中在超速行驶方面。《中华人民共和国道路交通安全法》规定,电动自行车应该行驶在非机动车道,行驶速度不超过 15 公里/小时。新的国家标准中,电动自行车时速不超过 25 公里/小时,但因超速以及闯红灯、逆行、违规载人、骑车打电话等违规行为造成的伤亡事故数不胜数。2018 年,《电动自行车通用技术条件》修订为《电动自行车安全技术规范》,并于 2019 年 4 月 15 日开始施行;2019 年 3 月 14 日,市场监督管理总局、工业和信息化部、公安部联合下发《关于加强电动自行车国家标准实施监督的意见》(国市监标创〔2019〕53 号);2019 年 4 月 4 日,公安部交通管理局又专门下发了《关于加强电动自行车安全管理工作的通知》(公交管〔2019〕184 号),对进一步加强电动自行车安全管理提出了相关要求。目前,浙江、江苏、广东、福建、海南等省份已针对电动自行车管理进行立法,北京、南京、南宁、海口、南昌、襄阳、衢州、太原、荆州等城市出台了关于电动自行车的管理条例。随着国家和地方层面积极推动,电动自行车治理的法治化正在逐步实现。

为进一步加强我省电动自行车登记管理工作,辽宁省公安厅交通安全管理局下发了《辽宁省电动自行车安全登记规定》(辽公交管〔2019〕137 号)。根据大连地理情况,主城区非机动车道较少的特点,电动自行车管理成为一项民生热点,关系到全市电动车产业链以及家家户户的生产生活,与人民群众切身利益密切相关。为保障道路交通的安全、畅通,保护公民的合法权益,通过立法加强电动自行车管理,推动解决电动自行车源头性、根本性问题的呼声高涨。结合大连实际,建议大连市人民代表大会常务委员会适时做出制定《大连市电动自行车管理条例》的决定,对电动自行车的生产、销售和维修,登记和通行,保障和监督,以及法律责任等做出具体规范,引导文明出行,为群众生产生活和生命财产安全提供依据与保障。

附件《大连市电动自行车管理条例》略。

关于加强中小学爱国主义教育的议案

爱国,是一个公民的基本政治素养。当下,在全球化的进程下,青少年受到各种思潮的冲击,容易对成长造成不良影响。爱国主义教育能够坚定青少年的理想信念,使其成为有根、有魂的中国人。

一、爱国主义教育的重要性

(1)增强青少年的民族认同感。爱国主义教育在培养青少年对民族历史、文化和价值观深刻理解与积极认同中扮演着关键角色。据一项调查显示,30%的学生不知道中华人民共和国成立纪念日,30%以上的学生不知道国歌的名字。这些数据揭示了当前爱国主义教育存在一定空白,并由此导致了部分青少年在民族文化认知层面的缺失,凸显了加强和完善爱国主义教育体系的紧迫性。

(2)增强青少年的民族自豪感。我国目前面临的挑战之一便是部分青少年群体的文化自信不足,表现为对外来文化的盲目崇拜,认为"外国的一切都优于本土"。一些青少年甚至将本土的、具有悠久历史底蕴的文化视为"过时"或"土气"。爱国主义的重要内容之一,就是爱本土文化。因此,加强中小学生的本土文化教育,深入挖掘与传播中华优秀传统文化,对于提高他们对本土文化的认知水平,培养强烈的民族文化自豪感至关重要。

(3)提升青少年的道德精神水平和荣辱观念。

二、爱国主义教育的措施建议

(1)多样化培养方式,让爱国主义教育不再枯燥。

首先,爱国主义教育不是书本教育,更不是简单的历史政治课,应该采取多样化的教育形式,并且形成系统工程。

其次,有政策保障、财政支持,让学校开展丰富多彩的爱国主义教育,并有监督、有检查、有反馈。

最后,开展社会实践活动。挖掘身边为祖国和家乡建设做出贡献的先进典型事例,让青少年直观形象地了解祖国和家乡的变化,激发青少年强烈的责任感和使命感。

(2)历史文化是最好的教育资源。

首先,主管部门定期提供一些有价值的爱国主义教育资料,并有组织地提出落实要求。

其次,建立一些爱国主义教育基地。

最后,有计划、有监督、有检查地组织青少年参加一些爱国主义教育活动。

(3)重视思想政治课教师的主导地位和师资配备,保证教师数量,突显思想政治课对爱国主义教育的优势作用。

关于建立家长培训机制的议案

一、必要性

建立家长培训机制是提高新时代家长素质的有效方式,对提高家庭教育水平具有多方面的意义。

第一,有利于家庭教育的科学规范。

现实生活中,不少家庭教育步入误区,家长困惑苦恼:究竟该怎样教育孩子?在这种情况下建立家长培训机制能够帮助家长走出误区,缓解家长的焦虑,使家庭教育趋于科学规范。

第二,有利于形成良好的家庭教育氛围。

透视许多家庭教育现状,不难发现,家庭教育氛围不佳是失误家教的主要原因之一。

第三,有利于家校沟通,形成教育合力。

新时代,要把学校特别是中小学校办好,单靠学校和老师的力量是远远不够的,必须调动家长和社会力量。建立家长培训机制,可以架起家校的桥梁,有助于家庭和学校、家长和老师的沟通,有利于形成教育的合力。

第四,有利于家长素质的提高,更新家庭教育观念。

家长培训机制在对家长系统介绍教育方式方法的同时,必然会对家长的品德修养、文化学习、行为规范等提出明确具体的要求。家长能够在学习中借鉴别人的长处,改正自身的不当行为,从而提升了自身素质,更新家庭教育观念。

第五,有利于提高学校的教育教学质量,优化社会环境。

家长通过学习走出误区,改变不恰当的教育方法,更新教育观念,密切与老师和学校的联系,从而促进了教师的教育教学工作,这样整个学校的教学质量就会不断提升。

二、措施建议

(1)建立健全培训机制,有制度和政策保障。建议各个学校建立符合自身实际的培训方式,有领导、有计划、有内容、有反馈、有监督落实培训,相关主管部门要定期地指导监督。

(2)要有一定的财政支持,确保培训机制的延续性。家长培训不是一朝一夕的事情,避免形式、方法单一乏味,因此,学校要花费人力物力,相关部门应该给予学校财政支持,保证专款专用,确保培训高质量持续进行。

(3)社会相关部门的理解和支持,并能合理利用社会资源,对培训机制的建立提供力所能及的帮助。

关于建设城市交通文明的议案

交通文明是指道路交通参与者的规范行为,包括驾驶文明、行路文明、停车规范文明等。交通文明关系到社会稳定、个人安全等问题,不容小觑。

一、议案原因

第一,受历史文化传统、经济社会发展水平等方面影响,我国尚未形成比较成熟的交通文明体系,公民交通道路权观念的树立与交通文明意识的养成需要一个过程,这是我们必须要面对的问题。

第二,近年来,交通状况日渐复杂,交通管理难度逐渐增加,很大一部分原因是一些交通参与者不遵章守法、文明交通,更有甚者明知故犯。违规行为在造成交通局部堵塞的同时,还会对道路乃至整个系统的有序运行造成影响,产生大量的交通事故。

二、现存问题及表现

(1)停车不规范,人行道被占用。停车难是生活中的一大难题,政府也在不断调整。但仍旧有很多驾驶者不按规停车,导致人行道被占用,使行人在行驶车辆中穿行,造成安全隐患。如黄河路上煤气公司路段、新开路上的安全局周边路段。

(2)机动车斑马线礼让行人问题。机动车斑马线礼让行人是文明交通的一种表现,也是驾驶人文明素养的体现,更是对他人和自我生命尊重的表现。但目前有些驾驶人欠缺礼让观念,有监控路段遵守规则,没有监控路段就不遵守规则。

(3)行人缺乏遵守交通规则的观念。机动车斑马线礼让行人是交通文明的一种表现,但行人也是文明交通的一部分,应强化遵守交通规则的观念。

(4)中小学上下学时间段,学校附近交通状况堪忧,驾驶人的素养直接影响交通文明,同时存在安全隐患。

三、议案建议

(1)加大宣传力度,让全民了解交通法规知识。根据不同群体的情况,采取有重点、有针对性的宣传措施。

(2)完善规章制度,弥补管理过程中的漏洞。国家有大的法律,地方有小的规章,在符合大的法律规章制度的前提下,因地制宜设置符合人性化的文明交通制度。

(3)狠抓落实,全面惩治不文明交通行为,提高违法成本。在执行过程中,对明知故犯的交通违法者,做到"执法必严,违法必究"。

关于加强中小学心理健康课程的议案

当下,人们关注孩子,主要围绕考试成绩、饮食、身体发育等几个方面,却忽视了心理健康问题。调查表明,当前中小学生的心理健康状况不容乐观。

　　中小学阶段是身心发展的重要阶段,伴随生理、心理发育和各方面成长,以及社会经验的积累和思维方式的变化。这个阶段的孩子,在人际交往、学习生活和自我意识等方面会遇到各种困扰与心理问题。

　　中小学生的心理健康如果产生了问题,不仅妨碍其自身良好人格的形成和身心的健康成长,也会给家庭、学校和社会造成种种不良影响,并有可能转化成思想品德问题、人格不正常和精神问题,甚至走向犯罪,对社会危害极大。

　　加强中小学生的心理健康教育,对提升个体幸福感、促进中小学生心理健康发展、培养和塑造民族精神、维护社会的稳定具有十分重要的意义。

　　措施建议如下。

一、政府加大对心理健康教育扶持力度

　　当下,国家大力发展素质教育,对心理健康教育也加强了重视。1999年,教育部下发《关于加强中小学心理健康教育的若干意见》,其中详细阐述了心理教育的基本原则、实施途径、意义、师资、防止出现的误区等各方面需要注意的问题,为心理健康教育指明了方向。为更好地普及心理健康教育,政府应结合各地区教育的实际情况,严格监督各教育相关部门,制定并执行符合学生和学校需求的政策、制度,加大物资投入,改善学校心理健康教育的条件和环境,为教师提供更先进、有效的教学手段和资源,让学生学习并理解更多的心理健康专业知识,使学生认识到心理健康教育的重要性。

二、培养专业心理健康教育教师

　　在提供有力的政策保障之外,还必须加强心理健康教育专业教师队伍的建设,引进先进的教育理念,结合中小学生自身实际,摸索出符合中小学心理健康教育发展的模式和方法。相关部门应建立科学的教师培训体系,组织心理健康教育学术讲座,研讨会,考察、实践、培训活动。组织参观考察时,要选择有特色、有成功经验的地区和学校;组织社会实践时,应引导学习者科学运用专业理论进行实践,解决实际问题;培训内容应着重于教师上岗培训和实际操作培训,如怎样上好心理健康教育课、建立学生心理档案及对学生进行个别心理辅导等。

三、设立相应的心理学课程

　　义务教育阶段建议中小学设立规范的心理健康课,并将健康教育纳入中小学

综合评价体系。

四、鼓励家长学习心理健康知识，关注学生心理问题

　　政府或相关教育部门采取一定形式和措施，营造家长学习心理学的社会环境。家长是孩子的启蒙老师，良好的家庭环境对于学生的心理健康发展起着至关重要的作用，家长的行为举止会对孩子产生潜移默化的影响。因此，家长首先要以身作则，在工作之余积极学习心理健康知识，对待孩子和其他家庭成员，要保持冷静随和，避免拳打脚踢；一旦出现问题，要主动面对，积极沟通，学会理解和宽容，避免让孩子产生恐惧和逆反心理。当孩子遇到困惑时，家长要多方考察，与教师、学校沟通，改善孩子的学习和生活环境，舒缓孩子的压力和紧张。同时，家长要在日常生活中培养孩子各方面素质和能力，与孩子共同参与实践，在实践中培养孩子吃苦耐劳、百折不挠的精神，自立自强、乐于助人、谦虚友善的品质，锻炼孩子的观察能力、分析能力和创新能力等，引导孩子树立正确的人生观、价值观和世界观。当学校组织家长会、座谈会时，家长应积极配合、交流，保持客观的态度，正确看待学生的错误，与教师共同制定解决策略。

　　总之，面对当前中小学生的心理健康现状，让每一位学生健康、快乐地成长，不仅仅是单个家庭或学校的责任，更是全社会的责任，需要全社会的共同努力！全社会应引导中小学生正确地认识自己，帮助中小学生树立正确的人生观、价值观，促进中小学生健康全面发展。

附录 B   学生、家长眼中的班主任

端 午 活 动

今天是第二次模拟考试最后一天,也是端午节前一天。中午,我吃着学校发的粽子,感觉就像家里的长辈包的一般,香甜软糯,仿佛回到了家里。同学们在一起度过这个节日,大家就像一家人。

走廊里都是粽叶的香味。

我们全然不知老师已经安排人为我们带来了四十个"朝气蓬勃"的红皮鸡蛋。

晚餐很美味,餐车里盛放着冒着热气的饭菜,还有那数十个代表美好未来的粽子,一旁是甜蜜的白砂糖。

教室里熙熙攘攘,同学们有说有笑地聊着这次的考试题,还有端午节放假的计划。大家脸上洋溢着微笑,这是青春的笑。

老师拎着一大袋红皮鸡蛋走进了教室。

似乎是一缕银丝又垂在了老师的脸旁。鸡蛋很饱满,也很年轻,就像我们,就像这个班级,就像这座学校。老师拍了拍手,说道:"同学们安静一下,这是我的家人给大家煮的鸡蛋。咱们就在这个晚餐时间来个顶鸡蛋怎么样?"班级沸腾了,老师的脸上也浮现出了开心的笑容。一个同学拎着鸡蛋挨个座位分发,仿佛就像刚入学的时候,老师给我们每个人发书一样。鸡蛋入手,有人小心擎着,有人在上面涂画着,有人放在手里观望着……

激动人心的顶鸡蛋开始了!同学们个个摩拳擦掌,跃跃欲试。我和同桌对抗,却在第一回合就败下阵来,于是笑嘻嘻地剥着鸡蛋皮说:"你们还在顶呢,我都吃一半了!"

看着胜者举起鸡蛋,看着败者剥着鸡蛋皮,再看看老师拍照时脸上洋溢的幸福微笑,我却突然开心不起来了。倒不是顶鸡蛋首轮便败下阵来激起的落寞,而是对于师生共欢乐的再复何时的感慨。

当年那个懵懂的少年第一次坐在班级的座位上,对于他来说是期待、激动充斥在一起的复杂心理。三年过去了,变化的不只是年龄。中午在电脑旁看老师给我们翻以前的合影,那些照片就像一把把刀刻在岁月的年轮里。但它们却不是没有

色彩的,而是都在这棵名为"恩师"的大树上,尽情地挥洒自己青春的汗水。

这不是顶鸡蛋活动,这是老师在用自己的方式让我们这短暂的三年生活得以饱蘸斑斓色彩,在这最美好、最恰当的地方,在青春这幅画上再勾勒出一条线段。此起彼伏的笑声就像一条单色的线段,红、黄、蓝、紫……画出了一大条彩虹。彩虹上都映着自己的名字,往远了看,就是一张张笑脸。

在鸡蛋皮上轻轻描出了一个大大的笑脸,放在最隐秘的一个角落。角落的名字叫作三年之青春。

我看着老师举着手机拍照,窗外的夕阳汇聚在她身上,映得她满身古铜色。

学生:杨翔宇

我记忆中的班主任与初中时代

提笔写下这些文字的时候,距离我的初中时代已经过去近三十年了,岁月的层层累积虽然挤压着记忆的空间,但回思起历历往事,仍然十分亲切。三十七中的红楼,曾经上下学途经的景致,以及那三年里朝夕相处的老师同学,都在追忆时变得愈加清晰。那三年规律、单纯、快乐的校园生活,无疑是我成长过程中的重要一段。而忆及这段时光,首先想到的便是班主任讷老师。

犹记得入学之初的班会上,讷老师在黑板上写下了自己的名字,那是我第一次知道有"讷"姓——老师说自己是满族,因此自己的姓氏不常见。讷老师彼时四十岁左右,但从容的风度、干练的言谈,让我们感觉遇到了一位极富经验又略显威严的班主任。当然,从日后的接触中我们知道,讷老师或许是学业上的"严师",但绝不严厉或严苛,而总是以春风化雨式的语言感染学生们。

我记得讷老师很经典的一句话:"我们或许不是最优秀的,但一定是最努力的。"在学业上遇到困难的时候,老师用这句话激励我们迎难而上;当学业上取得成绩时,老师为我们开心的同时,又以这句话提醒我们不可骄傲自矜。我知道,正是因为老师希望我们成为那"最优秀的",才不断提醒我们用脚踏实地的努力,取得学业的精进。对于十几岁的初中生而言,能够安下心来认真读书、做事,或许并不容易。讷老师对我们要做"最努力"的勉励,不是狭隘地指功课读书,而是无论做什么事,都要有全力以赴的认真态度。著名教育家陶行知先生有句名言:"千教万教,教人求真。千学万学,学做真人。"当我第一次读到这句话的时候,首先想到的便是讷老师常说的那句话。我们愿意去做努力的那一个,不正是这求真、求是的态度吗？

事实确乎如此，当我们做到了努力，班级就在不断变得更加优秀。在讷老师的带领下，同学们学业成绩不断进步，在年级名列前茅。在各项课余活动中，我们同样取得了瞩目的成绩——课间操大赛、跳长绳比赛、拔河比赛等，获得了一个又一个冠军。我们当时是"一班"，也确实在年级取得了许多"第一"。这些校园活动的成绩不仅检验了班级的凝聚力、增强了同学们的荣誉感，更重要的是，让我们体会到了因努力而优秀的过程，感受到"优秀成为一种习惯"的快乐。这种"亲证"的体验，给我们以信心与信念，也塑造着我们的人生态度。

如果将班级比作一个乐队，讷老师自然是一位出色的指挥家，凝聚和协调着整个集体的乐章。但更令人称奇的是，讷老师还是一位"全能演奏家"，她似乎精通所有"乐器"，能给每个岗位上的演奏者以精到指点。讷老师教授政治，但她却对初中数学、物理、化学等知识如数家珍，甚至日语知识也非常熟悉。她不仅知道各科不同节点面临的难题，还能在各个方面为我们答疑解惑、指点迷津。古人云："学而不厌，诲人不倦。"这不也是讷老师的写照吗？讷老师为我们树立了一个渊博的典范，激发我们对各类知识的好奇与兼收并蓄。

我比较热爱语文、历史这类文史知识，讷老师不仅在日常学习生活中鼓励我，给我提供各种展示学识的机会，更是在我面临文化课和发展艺术特长的抉择时，给予了我有益的建议。几年后，我如愿以偿地进入研究文史学术的科研重镇，并通过多年的学习逐渐成为一位专业研究者。在我青灯捧卷，试图钩沉那些古典的精神气韵时，总会想起中学时代初涉古典的阅读体验，以及老师们对于我的勉励与支持。

因此，我的初中时代既学业稳步推进，同时又得以发展兴趣。我记得讷老师总是用生动的社会案例引导我们树立正确的三观，以翔实的数据和清晰的逻辑评说班务，也常用幽默的语言化解同学之间的矛盾、纾解我们的焦虑。每次班会都如沐春风，值得期待，我们学会了太多书本以外的道理，也逐渐培养起更健全的人格。我们当时都很爱上学，大家对班级有着亲切感，这是良好的班级氛围使然。

对于初中生而言，中考是一次最终的考核。中考前夜，我辗转反侧，完全没有睡好。考试当天，讷老师第一个来到考点等候大家——她要让每一个学生安心进入考场，为我们做最后的"保驾护航"。我向老师诉说了自己没有睡好，担心影响发挥，而老师以往年的案例和经验告诉我，这完全不会影响考试，让我不要有心理负担。老师的积极心理暗示是有作用的，那一次我也确实没有影响发挥，并有幸以全区第二名的成绩考进了大连市第二十四中学。在学校庆祝大会上,老师分享着喜悦,但我们知道她为我们花费了多少心血。

后来,我以二十四中文科前五名的高考成绩进入北京师范大学文学院,在悠游文史的同时,也更加认识到"学为人师,行为世范"的意义。古人说:"经师易求,人师难得。"传递知识的经师并不罕见,难得的却是真正塑造人、培养人的人师。我庆幸在初中时代,便遇到了这样一位师者。

学生:崔振鹏

德才兼备的讷老师

我们一家都非常敬佩这位初中班主任——讷文莉老师。说起她,我的思绪一下子就回到了 2019 年的夏天。入学家长会上,第一次见到讷老师,她中等个子,长头发,穿着一身连衣裙,脚上踩着一双高跟鞋,不戴眼镜,端庄知性,不化妆依然很美丽,那双眼睛格外清澈、纯净。

漂亮之外,她温柔,有才气,外加负责任也是出了名的。她教政治,出色的学科教学之外,还经常带领孩子们学习其他文化知识。她总是挤出时间,听各科老师讲课,掌握各学科的学习进度,同时还做起了各科老师的义务助教。记得初二时,物理课凸透镜和凹透镜的成像知识,孩子们没有很好掌握,讷老师让学生挨个讲两个透镜的成像特点,要边讲边绘图。如果有学生没弄明白,讷老师就反过来给他演示,直到他理解透彻为止。她语气柔和,不厌其烦,最后,全体学生都牢固掌握了这个知识。讷老师具有高度的责任感,她为学生付出了太多太多。

说讷老师是我们家的"恩人"一点儿都不过。初一、初二时,我儿子成绩处于年级中等,我们很是发愁,认为他大概率要上普通高中了。当时发现孩子总是困,有时写着作业也能睡着,又赶上新型冠状病毒疫情防控经常上网课,我们夫妻是医生,正是最忙的时候,他只能独自上网课。每天总能收到老师的消息:上课提问他未连麦或者作业不提交。我们干着急,回家问孩子情况,他又说听课了,作业也写了,后来多亏讷老师的机智"侦察"才"破了案"。老师发现孩子们有一个玩电子游戏的群,每天热烈地讨论着游戏话题。讷老师在班会上说已经掌握了沉迷电子游戏学生的名单,如果能主动坦白自己的情况和以后的整改计划,一切重新开始,只要改掉坏习惯,争取做一名好学生,就会得到原谅和帮助。如果学生不表态,老师也有办法。几个孩子想着还是坦白能好一些,就主动交代了。晚上,讷老师给我打电话,我才如梦初醒。我儿子从五年级到初二一直都喜欢打游戏,我们没有收起 iPad,夜间也没有关闭 Wi-Fi,他都是等到我们睡着后在被窝中夜战,自然上课困倦,网课基本不听课,自然不回答问题,作业也不会做了。老师提醒我,要和孩子谈心,并和孩子共同制定电子产品的使用规定。我们开了家庭会议,明确要戒掉沉迷游戏的坏习惯。在我们的共同努力下,孩子的上课效率提高了,作业写得也越来越好,成绩也明显进步了。讷老师能够明察秋毫、防微杜渐,把我儿子从失控的边缘拉了回来。她为每个学生服务,为每个家庭负责,有方法且见成效。

讷老师的班级口号是"一个都不能少"。中考前两个月,我儿子说老师把成绩差的学生安排在前两排,督促大家认真听讲,让更多人考入高中。讷老师不仅有才,她的师德也是高尚的。那届中考,高中升学率非常高,美术和体育以及其他特长高中升学率也很高。讷老师对教育的执着和对学生的关怀,我们家长看在眼里、暖在心上。

我儿子初一入学时,在全校 450 名学生中排名 101 名,成绩下降后排名最差时 202 名,改掉陋习后穷追不舍的小家伙,最后以 650 分被大连一中统招录取,这离不开讷老师的辛苦培养。即使已经毕业一年多了,我们也常和讷老师分享我儿子的变化。他去了高中,变得开朗、大方、敢于拼搏,自告奋勇地竞聘班干部,积极要求入团,参加社团活动,五四青年节慷慨激昂地演讲,高一下学期期末考试取得了校排名 12 名的好成绩。这些都要归功于讷老师,她使我儿子在三观形成的关键时期受到了积极正向的引导。

碰巧就在前几天,大连医科大学本硕连读的一个 25 岁男医生来到我们科室并跟着我的治疗组学习,他干净整洁,爱学习、爱思考,尊重我们带教老师,和同学们相处也特别和谐,无意中交谈竟然发现他也是讷老师的学生。他特别崇拜讷老师,向我讲述了当年讷老师如何带领他们班级,如何教导他,当时他的脸上泛起了满满的感恩之情。医生治病救人,教师教书育人。有幸讷老师和我们从事着关乎国家发展中人才培养与国民健康的两个重要职业。听着讷老师讲述她工作在各个战线上的学生们,真为她感到骄傲和自豪!

家长:顾金萍

师　者

"师者,所以传道授业解惑也。"讷老师就是这样一位悉心传道、精心授业、尽心解惑的老师。遇见她,是我女儿一生的幸运。

一、悉心传道

讷老师教授道德与法治学科。分班之初,我曾因此感到遗憾,更希望由语文、数学或外语老师做班主任,那样可以帮助孩子主科提分啊。现在看来,这是多么愚蠢和小家子气的想法!孩子入学的一年半里,我感受到了一个优秀的道德与法治老师在孩子人生观、世界观形成的关键时期给予的指导和引领,这对于孩子今后的成长是至关重要和难能可贵的。

二、精心授业

灵活有效的教学方法,体现了讷老师极高的教学素养。道德与法治是一门思想教育学科,引导学生树立正确的政治方向和人生价值观。而处于青春期的孩子,自我意识增强甚至叛逆,不喜欢说教。他们抵触高高在上的说教者,更喜欢一个平易近人、理解他们的朋友,而讷老师就是这样一个孩子们眼中的"知心姐姐"。

我曾问过孩子:"你最喜欢哪个学科?"令我惊讶的是,她说最喜欢道德与法治课,因为课上讷老师会和他们"聊天儿",聊的都是社会新闻、热点话题,也有生活中的日常。讷老师还经常让大家讨论有趣的话题,欢迎大家提出质疑,发表自己的观点。那些晦涩难懂、看似高深的大道理,在讷老师结合生活实际、通俗易懂的具象化讲解中,变得生动有趣,"润物细无声"地被学生们愉快地接受了,这样的道德与法治课谁能不喜欢呢?

在讷老师的精心授业下,学生们不光道德与法治成绩优秀,而且思想意识、行为规范也值得称赞,这才是道德与法治课的终极目标和最高境界吧。我经常听女儿说:"我们班的男生非常尊重女生,很有担当,干活儿的时候总是冲在前面,可有男生样儿了!""妈妈,谁谁好像早恋了,不过讷老师没有批评他,反而笑着说:'谁都从青春懵懂的年龄过来,对异性存在好感也很正常,我能理解你们,关键是我们如何正视它,如何处理好和学业的关系。'"……听了这些话我无比欣慰。当下的教育如果还停留在书本、试卷、分数上那就太狭隘了,只有深入人心、发人深省,从根本上引领学生、改变学生,才是成功的教育。讷老师无疑就是这样一位成功的教育者,她不光让学生学业有成,而且眼界开阔、品德高尚。

除了道德与法治课外,讷老师还在全学科上帮助学生,经常给学生讲解数学题、地理题,解答日语问题等。有这样一个"多才多艺"的老师在身边就是最好的学习榜样。

三、尽心解惑

成长的道路总是会遇到这样那样的迷惘和烦恼,有一位帮助孩子解决问题、指引方向的老师很幸福。女儿是从春田小学转到三十七中的,她和班里的孩子没有共同的学习生活经历,都比较陌生。我女儿性格有些内向,再加上一下子放在完全陌生的环境当中,看着其他孩子们相互熟识,有说有笑,自己落单了,心里非常难受。另外,小学升初中的暑假,我们没有对初一知识进行深入系统的学习,开学后学业难度突然加大也使孩子很不适应,甚至沮丧。

刚开学那段时间,孩子很抵触上学,甚至回到家几乎天天晚上哭,就是不想上学,不想面对陌生的环境和难啃的课本,作为家长我也差点儿抑郁了,于是我只好求助讷老师。讷老师只说了一句话"放心吧"。在这一句"放心吧"之后,我果然看到了孩子一点点的变化。先是孩子回家后晚上不哭了,情绪平复了。又过了一个月,我发现孩子自己定闹钟早早起床准备上学。再后来,到了初一下学期,我去接她放学时经常看到她笑呵呵地和同学们说个没完,看到我又迫不及待地讲学校里发生的趣事儿。有一天,我照例去接她放学,她一见我就兴奋地说:"妈,我们班被评为市'三好'班级了,你知道吗,每个学校只能评一个呢!哎呀,我觉得我们班就应该被评上,老师好,同学们也好,我也很好,哈哈哈……"听到这些我又开心又纳闷,讷老师是怎样改变孩子的呢?后来了解到,自那次我"求助"之后,讷老师就开始了"解惑"行动。她有意安排女儿参加各项班级活动并让她和其他同学合作完成一些任务,比如合作画黑板报、一起做PPT参加美食节的演讲等;课间,她经常和我女儿聊天,鼓励她多和同学接触,多交新朋友;在女儿擅长的方面她给予展示的机会,比如代表班级参加英语演讲比赛、运动会表演在前排领舞等,让女儿勇于表现,增强自信,也让同学们多了解她。讷老师创造了积极向上、温馨友爱的班级氛围,孩子们也自然喜欢上了这个温暖的大家庭。我想在心里深深地说一句:谢谢您,讷老师!

讷老师不仅在学业上指导学生,还常常为家长们排忧解惑。受新型冠状病毒疫情影响,直至初一下学期的家长会,我才有了与讷老师面对面交流的机会。她中等身材,身着一袭整洁干练的黑色西装,言谈举止间透出温和而不急不躁的气息。从其他家长口中得知,讷老师还担任市人大代表,这使我对其更加敬重。面对初中三年这一关键阶段,家长们因新型冠状病毒疫情防控导致的长期线上教学、国家推行的"双减"政策以及 2024 年开始实施的中考改革等诸多变化,普遍感到焦虑和困惑。有的家长询问,在"小四科"成绩计入中考的新形势下,是否需要让孩子参加校外培训?也有人担忧,随着初中理科难度提升,不少女生理科思维相对较弱该如何应对? ……讷老师均给予了详尽解答,并提出了一系列切合实际的解决方案。她指出,三十七中在"小四科"的教学实践中有着丰富的经验和扎实的做法,一直坚持基础扎实、分层递进的原则,只要孩子们紧跟老师的步伐,踏实学习,完全无须额外报班;而在"双减"背景下,我们要遵循学生的成长发展规律,让孩子们摆脱无效的课外辅导和盲目的竞争压力,激发他们内在的学习兴趣和驱动力,倡导主动探究式学习。班级成立了互助学习小组,鼓励孩子们根据各自特点自愿组成团队,实现优势互补,共同进步。原计划一小时的家长会,在大家与讷老师的热烈互动中延长至一个半小时有余。在这期间,讷老师逐一消除了家长们心头的疑云,化解了他们的忧虑。原先带着满脸愁容步入教室的家长们,在离开时已是面带笑容,交谈甚欢。我们深信,在这样的师生紧密合作和家校协同教育模式下,我们定能积极适应时代变革,探索出一条适合初中阶段并行之有效的教育新路径。

　　这就是讷老师,一位悉心传道、精心授业、尽心解惑的老师。她只是中国千千万万教育工作者当中的一员,从她身上我们看到的是未来中国教育的希望,我们相信在一个又一个讷老师的带领下,我们的孩子一定会成长为有责任、有担当、有理想的新一代中国栋梁。

家长:郑玉鑫

附录 C　个人事迹

青涩年华的领航者

——记辽宁省大连市第三十七中学教师讷文莉

　　杏坛耕耘卅载，以爱润心，以法塑人，学生眼里的"良师益友"，家长心中的"定海神针"……她一生奉献教育，矢志不渝，用点滴平凡，书写着生命成长的动人华章。

——题记

　　在辽宁省大连市第三十七中学，提起讷文莉，师生们无不竖起大拇指、交口称赞。

　　讷文莉毕业于辽宁师范大学，本科学历，高级教师，担任道德与法治课的教学工作。三十三载从教路，讷文莉凭着一腔赤诚，投身基础教育，用爱呵护成长，让每个孩子在初中关键的三年，释放最大的潜能，获得最好的提升，赢得了学生的爱戴、家长的赞誉、同行的敬佩和领导的褒奖，先后获得辽宁省优秀教师、大连市教书育人模范、大连市优秀教师、大连市"三育人"先进个人、大连市优秀青年教师、大连市骨干教师等殊荣。

这一项项荣誉，不仅见证了她经年日久的辛勤付出，也为她在教育领域赢得了远比金杯、银杯更为珍贵的口碑。

立志要当班主任

1991 年,23 岁的讷文莉走上了教育岗位。她跃跃欲试，想要干出一番成绩，但教的是思想品德(当时名称)，由于担心家长有顾虑，因此没敢申请当班主任。1994 年，校领导安排她做初一年级班主任，她虽然忐忑，但还是咬紧牙关，立志一定要当好这个班主任，她深知只有这样才能深度参与孩子的成长。

不出所料，家长见面会上，她的政治老师身份，让家长们顾虑重重。讷文莉坚信，班主任教什么学科不重要，重要的是有能力帮助每一个孩子成长。于是，她给自己制订了班主任成长计划，即做到"三学""四要"。

"三学"，一向书本学习。选择专家型班主任的书籍，像魏书生的《班主任工作漫谈——献给青年班主任》、李镇西的《爱心与教育——李镇西素质教育探索手记》、王晓春的《做一个专业的班主任》等，根据班级实际情况，将理论转化实践，并调整创新。二向优秀班主任学习。学习高超的管理智慧，包括教育观念、管理策略、协调艺术以及实践经验等，这样可以少走弯路，在最短时间内获得最大成长"红利"。三向活动学习。通过专家培训、班主任沙龙等活动，快速提升个人管理班级素养。

"四要"，一要细致了解学生。建立学生档案，掌握学生的学习态度、思想状况、个性特征、兴趣爱好、问题困惑、家庭成员、家教方式等信息，综合分析、精准把脉，进行个性化的教育管理。二要给学生无差别的爱。无关成绩、家境、性格、品行，平等地、全心全意地爱每个孩子，对后进生要付出更多精力。三要提升教育敏感度。无论是读书、看电影、看综艺，随时关注教育点，整合成资源融进课堂，优化学生的认知。四要做好"全科助教"。利用一切时间，参与各学科教学，帮助学生消化学科重难点，慢慢成长为"全能型"选手。

讷文莉下的"硬功夫"，使班级快速步入正轨，并呈现出一派蓬勃态势，此时，学生眼里满是崇拜，家长也转变了态度，信任地配合。苏霍姆林斯基说："没有爱，便没有教育。"学生无论遇到什么问题、什么困境，讷文莉都选择和学生站在一起，

▲ 帮助学生渡过难关,使其平稳向前。

初二期末,小威家长带着孩子找到讷文莉,倾吐了自己的难处:小威先天脊椎弯曲,需要做手术,做手术就要休学,但孩子坚决不换班级和老师,希望休学期间老师给她补课。讷文莉在惊讶之余,内心发生了激烈争斗:术后需要卧床静养,繁重的课业会不会影响孩子的身体恢复? 这是一个长达数月的过程,而且是备战中考的攻坚阶段,只是补课会不会影响孩子的成绩以及未来? 看着小威渴望而坚定的目光,讷文莉还是选择了答应。她认真备课、听课、记录,寻找最合适的方式讲述课程,让孩子快速掌握知识。小威特别坚强,从不喊累,也不叫停。时间就这样在挑战和充实中度过了。

初三下学期,小威终于回归校园,她一刻也不肯松懈,即使天气炎热导致身体各种不适,她也始终面带微笑,和时间赛跑。中考成绩公布,小威考了 615 分。那一刻,师生紧紧相拥,激动的泪水模糊了双眼。当被问及怎么敢让小威参加中考时,讷文莉说:"是爱和坚守创造了奇迹。"

一千个孩子,就有一千种样子。讷文莉始终用爱和坚守呵护着每一个孩子的成长。冰心说过:"情在左、爱在右,走在生命的两旁,随时播种,随时开花。"忙里偷闲,讷文莉指导学生参加市区课本剧和各类文体活动,开阔学生眼界,培养学生综合素养。她两次在大连市西岗区教师节表彰大会上发言,介绍自己的教学、班级管理经验。她的个人事迹获得《大连日报》、大连教育电视台等媒体报道。

丹心构筑教育梦

初中生的世界不只是学习,这个阶段正是和外界建立连接的时候,不起眼的小事儿,在他们那里都不亚于一场大爆炸,和好友产生摩擦、和父母发生冲突、对异性产生好感,甚至一个莫名的小情绪,都会影响他们的学习和生活。因此,讷文莉总是敏锐观察,果断施策,将问题扼杀在萌芽阶段,为学生成长"保驾护航"。

一天中午,讷文莉正低头收拾餐具,一个男孩伏在她耳畔小声说:"老师,我想跟您说个事,我想谈恋爱了。"讷文莉抬头一看是小博。她知道,这类问题要小心应对,否则会弄巧成拙。

"那得恭喜你呀,要接受考验啦!"讷文莉的反应让小博意外,甚至有些不知所措。讷文莉在脑海中快速整理着小博的信息——爸爸、妈妈都是文化人,性情温和,家庭条件优越,家教良好;小博乐观开朗,非常懂事,学习优秀。她的心里有了底。

讷文莉将小博带到辅导室,说道:"让我猜猜她是谁。"讷文莉说着一个个班上女孩的名字。小博慢慢放松下来,不断提示着老师。确定人选后,讷文莉微笑着说:"眼光挺好,选了不错的女孩。"小博羞涩地低下了头。

"不过,咱要聊聊这个女孩的优缺点。"讷文莉拿出一张信纸,认真写上标题——《小博的恋爱指南》,让他自己做记录:女孩优点——漂亮、温暖、文静,缺点——贪玩、不用功学习、学习成绩不如意。优缺点跃然纸上,讷文莉一步步引导:"如果划掉一个优点,你依然可以接受她,你划掉哪个?"小博艰难地做着选择,表情逐渐凝重起来。

"其实啊,爱与责任和喜欢与欣赏有很大不同,爱是有责任的,就如同一件需要珍视、收藏的珍品,需要双方经常呵护保养;而喜欢与欣赏,可以是点个赞或鉴赏珍品,没必要珍藏。"讷文莉的循循善诱让小博茅塞顿开,他扬起笑脸说:"老师,原来这不是恋爱,我只是欣赏和喜欢而已。"

面对身心发展迅速的群体,仅靠对他们的关爱和付出是难以为继的。只有教师的专业素养不断提高,才能满足他们的成长需要。讷文莉充分发挥道德与法治课的优势,充分利用社会资源和热点,融入社会主义核心价值观教育,开展生活化、活动化的教学实践,培养学生的独立思考和创新能力,努力让自己成为一名与时俱进的新时代教师。她积极参与省级课题"提高教师课堂教学能力素质的研究""区域推进具身性家庭劳动教育课程建设研究",并在《天津教育》发表了《在初中道德与法治教学中培养学生的核心素养》一文。

一位妈妈感慨地说:"一次,女儿忽然问我关于女性在社会中的价值和地位的问题,这使我很意外,于是和她慢慢聊起来。我惊喜地发现,她表达了对世界人口、婚姻、中美关系、异国文化等的看法,而且很有见解,这些都是她从未触及的社会问题啊!我问女儿怎么会有这么多想法,她说讷老师讲的,讷老师鼓励他们用自己的眼睛观察世界,独立思考,有想法就要大胆表达。我越听越高兴,这不就是新时代学生最需要的素养吗?用正确的人生观、价值观影响和引领学生,使他们积极健康地成长,这些远比考试和分数更重要啊。"

"一花独放不是春,百花齐放春满园。"讷文莉多次参与区内青年教师的培训工作,成为集团兄弟学校青年教师的师傅,跨校进行班主任工作指导。她指导的青年教师所讲的课被评为国家级优质课。

2018年,讷文莉多了一个新角色——大连市第十六届人大代表。2020年,她提出的"关于制定《大连市电动自行车管理条例》的议案"确立为第四次代表大会的第一议案。2021年,她当选为大连市第十七届人大代表。2023年,她与十位市人大代表联名提议打造的首个宪法主题文化广场,成为大连市宪法宣传教育和弘扬法治文化传播的新阵地。

"桃李满天下,春晖遍四方。"如今,讷文莉教过的学生有的已经进入更高学府继续深造,有的已经走上了工作岗位,在各行各业为筑梦新时代而贡献着个人力量。

平凡不坠青云志,丹心倾洒教育情。讷文莉用坚定的信仰、忠诚的灵魂,践行着"有理想信念、有道德情操、有扎实学识、有仁爱之心"的好老师标准,用实际行动"做学生锤炼品格的引路人,做学生学习知识的引路人,做学生创新思维的引路人,做学生奉献祖国的引路人"。大爱如雨,润物无声;育人无痕,甘为人师。这就是她——讷文莉,一名有着深厚教育情怀的新时代好老师。

附录 D 所获荣誉

1995 年 9 月,评为大连市优秀青年教师

1998 年 9 月,评为大连市西岗区优秀教师

2003 年 8 月,评为大连市骨干教师

2003 年 9 月,评为大连市西岗区优秀教师

2004 年 5 月,评为大连市西岗区优秀班主任

2004 年 9 月,评为大连市优秀班主任标兵

2004 年 9 月,评为大连市优秀教师

2006 年 4 月,评为大连市西岗区劳动模范

2007 年 9 月,评为大连市西岗区优秀教师

2008 年 9 月,评为大连市西岗区优秀教师

2009 年 9 月,评为大连市"三育人"先进个人

2009 年 9 月,获得大连市西岗区"仁爱之师"称号

2010 年 9 月,评为大连市西岗区优秀教师

2013 年 9 月,评为大连市西岗区优秀教师

2013 年 9 月,评为大连市西岗区特色班主任

2021 年 9 月,评为大连市教书育人模范

2022 年 7 月,获得大连市"岗位大练兵"一等奖

2023 年 9 月,评为辽宁省优秀教师